AF192316

Herstellung: Libri Books on Demand

ISBN 3-8311-0230-9

Das
Linsengericht

Eine unglaubliche Geschichte
von

Helmut Kobusch

„Du hast mir wieder keinen Joker gegeben!" maulte Wagner und blickte Babett vorwurfsvoll an. Das gutmütig aussehende, etwas rundliche Mädchen schüttelte den Kopf.

„Beim Schopsen geht es wie im wirklichen Leben, mein Lieber. Die Joker sind zwar im Spiel, aber wir kriegen keinen. Grand extra!"

Der nette alte Mann auf dem zerschlissenen Sofa fuhr zusammen. Er beugte sich etwas vor.

„Du kannst doch nicht Grand extra spielen, Babett!" sagte er eindringlich. „Ich habe zwar keine Dame und nur einen König, aber wenn Günter drückt und Willmuth nachkommt..."

Willmuth, der vierte in der Runde, starkknochig und dünn behaart, blickte irritiert über den Tisch.

„Ich komme nicht nach. Wie sollte ich?"

Die Tür sprang auf, und im Rahmen erschien ein langer junger Mann mit langem, rabenschwarzem Haar und stark gebogener Nase. Er betrachtete das Stilleben der Vier, die ihn über ihrem aufregenden Spiel gar nicht wahrnahmen.

„Gott soll mich schützen!" murmelte er. „Sie schopsen schon wieder!"

„Also Grand extra", beharrte Babett. Dann sah sie zur Tür. Etwas im Raum hatte sich verändert, und das störte sie in ihren geistigen Vorbereitungen zu dem großen Coup, mit dem sie die magere Abendkasse an sich zu bringen gedachte. „Ah, Grischa! Wie schön, daß du kommst! Ich bin dabei, diese Wegelagerer aufs Kreuz zu legen!"

Grischa Costers schüttelte langsam den Kopf und verbreitete damit ein gewisses tragisches Flair, das ihm ausgezeichnet stand.

„Auf dem Kreuz liege einstweilen ich." Eine schwarze Haarsträhne fiel ihm über die Stirn. „Man hat mich soeben wieder einmal freigesetzt."

Augenblicklich ließen die vier Leute am Tisch ihre Karten sinken.

„Wieso? Hat der alte Knöterich einen noch billigeren Redakteur für sein Seilerblättchen gefunden?" fragte Wagner.

„Nein. Die Zeitschrift ist eingestellt, Knöterich selber stellungslos. Die Geldgeber haben eingesehen, daß die deutsche Seilerei keine Chance gegen die übermächtige Klebestreifenindustrie hat. Also entschieden sie, daß unsere letzte Ausgabe tatsächlich die letzte war. Ich sitze auf der Straße." Er zog sich mit dem Fuß die Apfelsinenkiste heran, die durch ein aufgelegtes buntes Kissen zum Sitzmöbel avanciert war. In Babetts rundes Gesicht kam ein mütterlicher Zug. Da sie ohnehin schwanger war, stand es ihr ganz gut an.

„Du sitzest nicht auf der Straße, Grischa, sondern auf unserem Gästestuhl; auf dem Herd wird das Abendessen warm, und Daddy Rethlevsens gastfreundliches Dach schützt uns zuverlässig vor allen Unbilden der Witterung!"

Der nette alte Mann auf dem Sofa nickte.

„Mach' dir mal keine Sorgen, Junge! Morgen früh gehst du aufs Arbeitsamt und meldest dich als arbeitslos, und soviel wie der alte Knöterich zahlen sie dir bestimmt!"

„Hm." Costers schien die Sache erwägen zu wollen. Er schnupperte.

„Was gibt es denn?"

„Linsen", antwortete Babett. „Im Supermarkt hatten sie ein Sonderangebot."

„Dann mußten sie offenbar schleunigst unters Volk!" sagte

Wagner und räumte die Karten sorgsam in einen kleinen Karton, der zu Zeiten einer vergangenen Hochkonjunktur einmal französische Luxusseife enthalten hatte.

„Etwa mit Würstchen?" fragte Willmuth und strich sich über den mächtigen Leib. Auf den ersten Blick schien an ihm alles etwas zu groß geraten, einschließlich der Füße, über die er fortwährend stolperte. Wer ihn näher kannte, rühmte allerdings seinen brillanten Verstand, der ihn das Studium der westlichen Volkswirtschaften in atemberaubendem Tempo absolvieren ließ. Wagner nahm die leere Büchse, die noch neben der Kochplatte stand.

„Feine Delikateßlinsen, II. Wahl, mit Gemüsebeilage, nach Landfrauen-Art, mit Geschmacksverbesserern und Konservierungsmitteln", las er vom Etikett.

„Also keine Würstchen", nickte Rethlevsen. „Dann stifte ich wenigstens noch eine Flasche Rotwein dazu. Ist Brot im Haus?"

„Leider nicht. Ich wollte eine Baguette bei Leyendeckers holen, aber dann haben wir zu schopsen angefangen..." sagte Babett schuldbewußt. „Vielleicht hat Willmuth noch eine Büchse Hartbrot aus seinem Notvorrat?"

„Habe ich!" nickte Willmuth, stand polternd auf und riß beinahe den Türrahmen aus der Mauer, als er hinausging. Wagner schüttelte den Kopf.

„Das ist doch auch mal wieder typisch", meinte er. „Da lassen wir ihn nun Volkswirtschaft studieren, aber beim kleinsten Krisengerede stürzt er los und kauft Unmengen von Nudeln, Reis und Dauerbackware. Das mag ja früher bei uns zu Haus eine gewisse Berechtigung gehabt haben, aber jetzt, nach der Wende, sollte er doch wohl als erster von uns allen begriffen haben, daß Krisen ein Instrument der Marktwirtschaft sind, um die Preise anzuheben! Wie viele Büchsen Hartbrot hat er wohl noch?"

„Vorige Woche waren es noch drei!" lächelte der alte Rethlevsen. „Aber eine habe ich ihm gemaust und damit die Schwäne im Stadtpark gefüttert."

„Ach - deshalb sind sie fortgezogen?" wunderte sich Wagner. Er drehte sich eine Zigarette, an den Enden zu dünn und in der Mitte zu dick. Die Hälfte des Papiers brannte erst einmal ab, als er sein rotes Einwegfeuerzeug daranhielt. aber er betrachtete sein Werk wohlgefällig und blies den Rauch ins Zimmer. Grischa Costers wedelte ihn mit der blau geäderten Hand weg, stand von dem Behelfshocker auf und setzte sich neben Rethlevsen aufs Sofa.

„Ich brauche jedenfalls bald einen neuen Job", sagte er. „Arbeitslos könnte ich auch zu Haus an der Müritz sein." Er legte seinen Arm auf die Rückenlehne des verblichenen Möbels, das dennoch irgendwie stilvoll aussah. Das wirkte wie eine Geste tiefen Vertrauens Daddy Rethlevsen gegenüber.

„Wie haben Sie das eigentlich geschafft, Daddy?" fragte er und warf sich mit einer nervösen Kopfbewegung die schwarzen Haare aus der bleichen Stirn. "Sie sitzen hier proper und gesund in Ihrem schönen Haus vor dem idyllischen Rhein-Panorama, kriegen an jedem Ersten ein erkleckliches Sümmchen harter D-Mark und sind noch lange keine sechzig Jahre?"

Rethlevsen lächelte dünn, setzte sich auf dem Sofa zurecht, um dem Druck der kaputten Sprungfeder zu entgehen, schlug die Beine übereinander und ließ dabei unter der schicken, hellgrauen Hose lebhaft gemusterte und jugendlich wirkende Socken sehen.

„Sie waren doch früher bei der Bahn?" bohrte Costers weiter. Rethlevsen schüttelte den Kopf.

„Bei der Post."

„Na, schön! Im Defizit sind sie beide!"

„Daran bin ich nicht schuld Ich habe als Inspektor immer meine Pflicht getan, und das hat man anno 84 denn auch durch meine Beförderung zum Oberinspektor einigermaßen gewürdigt. Leider bekam ich ja dann mein Leiden."

„Ein Leiden, Daddy? Davon weiß ich ja gar nichts!"

„Ach, das ist ja auch schon lange vorbei. Aber damals fing es im linken Fuß an. Ich konnte ihn nicht mehr richtig heben, weißt du. In den Fußspitzen hatte ich ein sehr merkwürdiges Gefühl, keinen Schmerz, mehr so ein dumpfes Ziehen. Man hat mich untersucht, zuerst der Amtsarzt, dann der Vertrauensarzt, und schließlich die Professoren in der Uni-Klinik. Als sogar die Orthopäden nichts fanden, hat man mich in die Neurologie verlegt. Ein Vierteljahr ging das so, mit Bädern und Massagen und schließlich einer Spritzenkur. Eine leichte Besserung hat sich zwar eingestellt, aber richtig auftreten konnte ich noch immer nicht. Dabei ist richtiges Auftreten gerade für einen Beamten des Mittleren Dienstes ja sehr wichtig!"

Grischa Costers blickte ihn aufmerksam an. War da ein kleines Zwinkern in den wasserhellen Augen Rethlevsens?

„Hm..."

„Nun, ja. Jedenfalls ging es so nicht weiter. Ich mußte mich allmählich an den Gedanken eines vorzeitigen Ruhestands gewöhnen. Vorher noch eine Kur, in Bad Bertrich. Man tut ja alles, um seine Arbeitskraft zu erhalten. Aber es nützte nichts. Gesundheit aufgeopfert im öffentlichen Dienst, bis an die Grenzen der persönlichen Leistungsfähigkeit, hat der Oberamtsrat gesagt, als er mich im Rahmen einer kleinen Feierstunde verabschiedete. Eine schöne Rede!"

„Kenne ich", nickte Costers. „Ich hab' mal eine Zeitlang solche Reden geschrieben, für jemanden bei der Reichsbahn. Er mußte immer bei Begräbnissen sprechen, in der ganzen DDR. Wo immer ein Eisenbahner das Zeitliche gesegnet hatte, stand er am Grab und sprach. Dabei gibt es kaum einen gesünderen Beruf als beispielsweise Oberlokführer. Nur Generäle und Barmherzige Schwestern erreichen ein so hohes Alter. Wie alt sind Sie, Daddy?"

„Im Sommer werde ich vierundfünfzig."

„Und flink wie ein Wiesel?"

"Mittlerweile wieder, ja. Ich trage jetzt aber auch andere Schuhe."

„Und man hat nicht versucht, Sie wieder für den Postdienst zu aktivieren?"

„Um Himmelswillen, nein! Das hätte ja das Eingeständnis eines behördlichen Irrtums bedeutet! Ich wurde wegen dauernder Arbeitsunfähigkeit pensioniert! Vergiß das nicht,. mein Junge!"

„So ist das also hier", begriff Costers. Rethlevsen stand auf, dynamisch und federnd.

„Dann will ich mal den Rotwein holen. Wie viele sind wir? Fünf? Oder kommt die Tango noch?"

„Tango von Dahlen weilt heute abend auf einem Empfang zum Nationalfeiertag. Ich glaube, von Honduras."

„Dann reichen zwei Flaschen, nicht wahr?"

„Ich trinke sowieso nicht viel", ließ sich Babett vernehmen. „Jacob verträgt Rotwein nicht so besonders."

Auch Grischa stand auf.

„Dein Jacob muß anscheinend noch einiges lernen, bis du ihn gebierst. Liebe ist das Brot der Armen, aber ohne Daddy Rethlevsens rotsauren Ingelheimer hat es auch nicht die rechte Würze!"

*

Sie saßen um den Tisch und hatten die Linsen gegessen und hartes, dunkles Konservenbrot hineingetunkt und Rethlevsens roten Wein dazu getrunken. Äußerungen spontanen, überschäumenden Beifalls waren ausgeblieben. Babett blickte in die schweigende Runde und schluckte.

„Ich weiß ja, was ihr denkt!" sagte sie kleinlaut. „Lieber hätte ich euch ein Chateaubriand serviert, mit siebenerlei Gemüsen frisch aus dem Garten, aber... außerdem sind Linsen sehr gesund."

„Schrecklich gesund!" nickte Grischa Costers. „Du redest wie die CMA."

„Was ist das? Ein Geheimdienst?" fragte Babett.

„So ähnlich. Die „Centrale Marketing Agentur der deutschen Agrarwirtschaft". Sie verbreiten den Buttergedanken und preisen landwirtschaftliche Überschußprodukte an."

„Auch Linsen?"

„Vermutlich. Sie haben einen Millionen-Etat für Gutshof-

Hähnchen wie für Käse und Petersilie, warum also nicht auch für Linsen?"

„Moment mal", schaltete sich Willmuth ein und strich sich über das schüttere Blondhaar. „Das Geld bringt doch wohl nicht die leidende deutsche Bauernschaft zusammen, die ohnehin am Bettelstab nagt?"

„Bestimmt nicht. Es dürfte Steuermitteln entstammen."

„Die wir aufbringen, damit man uns u.a. sagt, was wir essen sollen?" Willmuths Stirn war gekraust, aber Grischa Costers legte ihm besänftigend die Hand auf den Arm.

„Lieber Freund", sagte er mild, „du studierst ja nun schon recht hübsch die Wirtschaftswissenschaften, und ich gebe gern zu, daß das ein schwieriges Unterfangen ist. Selbst unser Wirtschaftsminister erlebt ja mit seinen Fünf Weisen immer wieder neue Überraschungen auf diesem Gebiet. Aber soviel dürftest du schon mitgekriegt haben, daß nur der Verbraucher infrage kommt, wo es ans Bezahlen geht. Der Staat hat nichts, was er ihm nicht vorher abgenommen hätte."

„Völlig klar. Aber daß ich beispielsweise die Hähnchenwerbung finanzieren muß, wo ich doch grundsätzlich keine Hähnchen ...."

„Oder Linsen, Zweite Wahl, nach Landfrauen-Art. Das ist nun einmal so, lieber Willmuth."

„Linsen!" stieß Willmut noch einmal voller Abscheu hervor.

„Du mußt nicht fortgesetzt auf die Linsen schimpfen", sagte Babett. „Sie sind wirklich billig gewesen, aber wenn du sie halt gar nicht magst, kann ich auch etwas anderes kochen. Der Supermarkt hat diese Woche Pichelsteiner im Sonderangebot."

Willmuth schüttelte sich und hielt Rethlevsen sein Glas hin.

„Laß' ihn nur!" meinte Wagner. „Starke Emotionen bringen manchmal gute Gedanken. Mich lassen die Linsen auch nicht los. Was weiß man überhaupt von Linsen? Wo wachsen sie?"

„Frag' die CMA!" brummte Costers.

„Warum nicht gleich die CIA?"

„Linsen wachsen überhaupt nicht. Sie werden hergestellt. Wahrscheinlich aus Erdöl. Ein Abfallprodukt der Raffinerien."

„Ganz falsch! Auf Formosa gibt es an den fruchtbaren Berghängen große Linsenterrassen, auf denen die armen chinesischen Linsenbauern bis zu den Knien im moorigen Wasser unter sengender Tropensonne die zarten Linsenpflänzchen in den fruchtbaren Schlamm stecken..."

„Als wir noch in Weimar wohnten, hat mir mal jemand erzählt, daß Anfang dieses Jahrhunderts in den Dörfern an der Zonengrenze noch Linsen angebaut wurden!" öffnete nun Willmuth den Born seines Wissens um die Linse.

„Aber damals gab es doch noch gar keine Zonengrenze!" wandte Babett ein. Rethlevsen schmunzelte. Es schellte. Wagner ging zur Tür, ließ unten den Öffner schnarren und wartete, als das Stakkato schneller Schritte die Treppe heraufkam.

„Oh, Tango! Ist der Nationalfeiertag schon zu Ende?"

Das große, schlanke Mädchen mit dem langen, dunkelbraunen Haar schoß an ihm vorbei und ins Zimmer. Dort stoppte sie abrupt vor dem leeren Tisch.

„Nichts mehr zu essen da? Mir ist von den Party Snacks plötzlich so übel geworden, daß ich mich in meine Ente geworfen habe und nichts wie nach Haus wollte!" Sie drückte Willmuth einen flüchtigen Kuß auf die Wange und richtete sich mit funkelnden Augen wieder auf. Um ihre Beine raschelte ein völlig unmodischer schwarzer Faltenrock, auf der schilfgrünen Hemdbluse glitzerte eine schwere Granatbrosche aus Familienbesitz. Mutter von Dahlen hatte sie ihr als einziges Stück von Wert mitgeben können, als Tango eines Tages beschloß, den Aufbau der thüringischen Wirtschaft nicht abzuwarten und ihr Glück weiter westlich zu suchen. Als sie jetzt den schmalen Kopf mit der aristokratischen Hakennase schüttelte, rutschten ihr die Wellen der zeitlos eleganten Langhaarfrisur über die mageren Schultern.

„Wir hatten Linsen", berichtete Wagner melancholisch. „Und

daran hat sich dann eine Diskussion über unsere Lage entzündet, die einigermaßen außer Kontrolle geraten scheint."

„Wer? Die Diskussion, oder die Lage?" fragte sie kampflustig und setzte sich mit einer einzigen, fließenden Bewegung neben Daddy Rethlevsen aufs Sofa und schlug die Beine übereinander.

„Beides."

„Typisch. Hier sitzt die junge Intelligenz vor leeren Tellern, und anderswo wird das Geld mit vollen Händen aus den Fenstern geworfen."

„Wo?" fuhr Willmuth höchst interessiert auf, „aus welchen Fenstern?" Tango bedachte ihren Dauerverlobten mit einem liebevollen Blick.

„Überall. Vorhin auf dem Empfang in der Botschaft erzählte mir ein Lobbymann, daß er gerade wieder anderthalb Millionen eingesackt hat. Zur Finanzierung eines Forschungsvorhabens zur ergometrischen Sitzhöhenverstellung von Büromöbeln für den Behördenbedarf."

„Du scherzest!"

„Keineswegs. Hier im Westen wird doch alles und jedes subventioniert!" Sie blickte sich wild um, riß die leere Linsendose an sich und hielt sie hoch. Entfernt erinnerte sie an die New Yorker Freiheitsstatue mit ihrer Eishörnchen-Fackel. "Ich wette, dieses Zeug auch! Ein klassisches Subventionsprodukt!" Mit hartem Knall stellte sie die Blechbüchse auf den Tisch, nahm sich Babetts Rotweinglas und trank es mit einem Zug leer. Dann griff sie nach einer Zigarette, ließ sich von Daddy Rethlevsen Feuer geben und paffte wütend.

Grischa Costers starrte die Linsendose an. Dann sank er langsam zurück gegen die harte Stuhllehne, und seine Augen hatten einen visionären Glanz, als er den Blick in unbestimmte Fernen richtete. Er war womöglich noch bleicher als sonst. Babett blickte ihn besorgt an.

„Ist dir nicht gut, Grischa? Soll ich dir ein Glas Wasser holen?" Er winkte ab. Und dann, nach geraumer Zeit, sagte er in die plötzliche Stille hinein:

„Ich hab's, glaube ich!"

„Gratuliere!" nickte Tango. „Was hast du? Eine Vision? Oder eine Hunger-Halluzination?"

„Gebt mir mal das „Handbuch der Wirtschaftswerbung" herüber!"

Willmuth langte den schweren Band aus dem Regal und reichte ihn dem Freund. Costers begann darin zu blättern und bewegte die Lippen.

„Lichtpausen, Lichtwerbeanlagen, Limonaden, Linoleum, Lithographien, Lochbleche... nichts von Linsen!" Triumphierend sah er auf. „Wißt ihr, was das bedeutet?"

„Hört sich an wie ein a-capella-Chor aus dem Handelsregister", meinte Wagner.

„Quatsch! Das heißt, daß sich niemand um die Linsen kümmert! Kein Mensch in der ganzen Werbung! Die Linse wächst in einer Marktlücke heran, wild und unbetreut!"

„So hat sie auch geschmeckt", pflichtete Wagner bei. Noch spürte er nichts von der Größe des Augenblicks, den er miterleben durfte, aber Babett, hellsichtig wie manche Schwangere, erschauerte ahnungsvoll.

„Oh, Grischa..." sagte sie. In Costers Augen lohte so etwas wie schöpferischer Wahnsinn.

„Zur Sicherheit auch noch das „Taschenbuch des Öffentlichen Lebens!" verlangte er, und auch das bekam er von Willmuth dargereicht, der ihm fasziniert, aber verständnislos zusah.

„Verband des Deutschen Backbedarf- und Mehlgroßhandels, Vereinigung der am Honighandel beteiligten Firmen des Bundesgebiets e.V., Verband der Hopfenkaufleute und Hopfenveredler e.V., Arbeitsgemeinschaft Wäscheklammer-Industrie... was sag' ich? Keine Spur von Linsen. Sie müssen den dummen Wessies glatt entgangen sein. Die ganze Welt der Linse steht uns offen!"

Tango von Dahlen nickte anerkennend.

„Du scheinst endlich begriffen zu haben, wo du jetzt lebst! Was hast du vor? Willst du Linsenbauer werden?"

Costers klappte das Taschenbuch zu. Er blickte in die Runde. „Ein Narr, wer heute noch produziert! Die Produktion bringt nichts wie Ärger. Verwalten heißt das Zauberwort unseres laufenden Jahrhunderts! Und die Verbandswirtschaft ist die Hohe Schule der Unproduktivität, die allein noch Geld bringt und ein sorgenfreies Leben. Wir werden einen Verband gründen! Sofort und auf der Stelle! Spendieren Sie uns noch einen Roten, Daddy? Wenn wir wollen, baden wir demnächst in Burgunder!"

„Gott, daß es einmal so mit uns enden würde!" sagte Tango. „Aber wenn wirklich etwas daraus wird, Grischa, möchte ich um ungezuckerte Spätlese bitten, und ohne Glykol. Ich habe eine sensible Haut!"

*

Draußen vor dem Fenster zog nur noch gelegentlich ein Gastanker stromaufwärts, der seine Gemeingefährlichkeit mit dem Lichterspiel bunter Positionslaternen illuminierte. Zu sechst waren sie enger um den Tisch gerückt, und Grischa Costers hatte einen Schreibblock vor sich liegen, auf dem er ihre gemeinsame Zukunft mit blauem Filzschreiber skizzierte. Daddy Rethlevsens roter Wein leuchtete in den Senfgläsern.

"Wir werden uns nicht mit der Gründung von Landesverbänden aufhalten", sagte Costers entschlossen. „Gleich morgen gründen wir den Bundesverband der Deutschen Linsenwirtschaft. Kurz: Linsenverband. Am besten in Köln."

„Köln ist gut", nickte Tango. „Ein entfernter Vetter von mir hat da noch ein Zimmer am Ring. Großartige Adresse. Daß unten im Haus ein Porno-Kino ist, wissen nur die Eingeborenen. Zumindest können wir da den Briefkasten benützen."

„Gut. Wie verteilen wir die Ämter? Ich würde mich offengestanden gern als Geschäftsführer sehen."

„Du bist der geborene Geschäftsführer für einen Linsenverband", nickte Günter Wagner. „Paßt dir der Nadelstreifenanzug noch, den du seinerzeit zum Deutschen Seilertag anschaffen mußtest?"

„Unter den Entbehrungen des Lebens im freien Westen bin ich möglicherweise etwas geschrumpft. Vielleicht kann mir Babett die Hose enger machen?"

„Kann ich", sagte Babett und hakte den Daumen mit Mühe unter ihren Rockbund. „Dafür mache ich meine mal wieder weiter, wenn ich schon Nadel und Faden in der Hand habe."

„Verwechsle die Beinkleider nur nicht!" rief Tango. „An mir bleiben ja wohl Presse- und Öffentlichkeitsarbeit hängen?"

„Bei deinen Beziehungen zu höchsten diplomatischen Kreisen? Was sonst!" sagte Wagner. „Babett kürzt dir den Rock auf eine vertretbare Länge, und wenn die Sache einschlägt, kriegst du ein kleines Schwarzes im Schlußverkauf."

„Nicht abschweifen, Freunde!" mahnte Costers. „Ich schlage Willmuth als Leiter der volkswirtschaftlichen Abteilung vor. Er versteht sicher nicht viel davon, aber sein Fach-Chinesisch beherrscht er ausgezeichnet, um überzeugend die bedauernswerte Lage der deutschen Linsenwirtschaft darzustellen."

„Großartige Idee! Machst du das, Willmuth?"

Der beleibte Volkswirtschaftler wand sich ein wenig.

„Wenn das mit frühem Aufstehen und lästigen Reisen verbunden sein sollte..."

„Keineswegs, mein Lieber. Bonn, Berlin und Brüssel stehen noch nicht zur Debatte, um nur einmal Tatorte mit „B" zu nennen. Hiermit bist du ernannt und nimmst die Wahl an, klar?"

Tango nickte ihrem Verlobten zu, und der brummte: „Meinetwegen!"

„Seid ihr euch darüber einig, daß unser Verband einen vorzeigbaren Präsidenten braucht?" fuhr Costers fort. „Und stimmt ihr mir zu, daß dafür nur eine einzige Persönlichkeit in diesem Kreis infrage kommt? Wißt ihr, wen ich meine?"

Tango von Dahlen legte dem alten Rethlevsen den Arm um die Schultern. „Daddy for President!" sagte sie. „Ist doch klar! Babett macht das Sekretariat, und Günter wird unser Chef-

16

Ideologe! Jeder Verband braucht einen Chef-Ideologen, der den Mitgliedern sagt, wo's langgeht, und in seinem geisteswissenschaftlichen Institut ist Günter ohnehin nicht ausgelastet. Mental, meine ich. Der Linsengedanke..."

„Ruhe! Zur Sache, bitte!" Grischa Costers hatte die Positionen schon zu Papier gebracht. „Ich nehme an, ihr seid alle einverstanden, und nun müssen wir nur noch..."

„Augenblick!" meldete sich Babett zu Wort. „Wenn ich das Sekretariat kriege, hab' ich doch die ganze Arbeit! Außerdem noch das Haus putzen und kochen und demnächst Windeln waschen... also, ich finde..."

Günter strich ihr über das strohige Blondhaar.

„Wir werden nur mit Wegwerfwindeln arbeiten", versprach er. „Und für die größeren Partys, die wir natürlich geben müssen, lassen wir das Essen von irgendwoher einfliegen."

Aber sie schüttelte störrisch den Kopf.

„Ihr macht wieder nur Spaß! Aber ich muß am Kochtopf stehen und die Kartei führen und die Korrespondenz und... also, ich mach' nur mit, wenn ich so bald wie möglich eine EDV kriege und außerdem einen neuen Einkaufswagen aus Korbgeflecht mit einer Flaschentrage!"

„Kriegst du, Liebes! Was du willst! Alles auf Verbandskosten, und wenn du nicht willst, mußt du auch nie mehr Linsen kochen!" Günter Wagner hatte längst begriffen, daß man auf die absonderlichsten Wünsche von Schwangeren am besten großzügig eingeht. Grischa Costers klopfte mit dem Stift auf die Tischplatte.

„Mit Zusagen bezüglich der Verbandsmittel würde ich einstweilen noch etwas zurückhaltend sein. Wir kommen jetzt nämlich zur Frage der Mitgliederwerbung. Nicht, daß Verbandsmitglieder besonders wichtig wären, aber ein paar brauchen wir schon. Sonst stehen wir ein bißchen dumm da, wenn wir um Subventionen bitten und Importerleichterungen und Ernteausfall-Entschädigungen und EG-Stützungskäufe oder Abbaupramien verlangen. Kennt jemand einen Linsenbauern oder so etwas?"

Schweigen breitete sich aus. Als es lange genug gewährt hatte, daß auch Willmuth die Bedeutung von Verbandsmitgliedern abgewogen hatte, hob er nachdenklich den Kopf.

„Ob er nun gerade Linsen züchtet, weiß ich nicht. Aber ich erinnere mich eines Onkels in der Eifel, der uns manchmal ein Paket in die DDR geschickt hat. Mit handgeschriebenen Lenin-Zitaten über die notwendige Solidarisierung der Werktätigen in aller Welt auf der Verpackung immer prompt bei uns angekommen. Und wer sowas tut, ist verrückt genug, um im Linsenverband mitzumachen!"

Costers schlug ihm auf die Schulter, daß der Staub aufwolkte. „Großartig! Den besuchen wir!" Er blickte sich triumphierend um. „Ich glaube, wir können stolz auf den Leiter unserer Volkswirtschaftlichen Abteilung sein! Mit seinem Onkel in der Eifel haben wir den Norden der Republik zunächst einmal abgedeckt. Wie sieht es im Süden aus?"

„Himmel!" sagte Babett, „er teilt schon ganz Deutschland zwischen uns auf! Ich kenne keinen im Süden!"

„Aber ich!" sprang Tango von Dahlen ein. "Meine Sippe ist glücklicherweise durch frühere Kreuz- und Querheiraten weit verbreitet. In den Ausläufern des Bayerischen Waldes bewirtschaftet eine Cousine von mir ein größeres Gut. Als ich herüberkam, war ich erst einmal ein paar Wochen bei ihr, um mich zu akklimatisieren. Ihr dürfte es kaum darauf ankommen, mir einen Gefallen zu tun und ein paar Hektar mit Linsen einzusäen. Vorausgesetzt, man kann das so machen. Wenn sie aber auf Bäumen wachsen, würde sie wohl auch einige Schößlinge in die Erde pflanzen."

„Für den Anfang genügt ein Blumenbeet voll, Tango. Uns geht es um das Prinzip und nicht um den Aufbau einer Überschußproduktion. Das ist dann vielleicht der zweite oder dritte Schritt." Grischa trug die bayerische Waldcousine ein. „Schreib' ihr gleich morgen einen Brief, ja? Wir brauchen sie. Noch ein präsumptiver Linsenkönig in der näheren oder weiteren Verwandtschaft?"

Daddy Rethlevsen strich sich das Kinn.

„Ich hätte nicht übel Lust; selber mitzumachen."

„Ausgezeichnet, Daddy! Als Präsident des Deutschen Linsenverbands ein Mann der Praxis! Ich höre Sie schon auf einer Verbandstagung sagen. "...nicht nur die drückenden Sorgen unserer Mitglieder im ganzen Land, sondern auch die eigenen bitteren Erkenntnisse in meinem persönlichen rheinischen Anbaugebiet..." Das wirkt! Aber wo gedenken Sie den Pflug zu führen?"

„Ich habe doch das Gärtchen hinten beim Wasserwerk!" Babett schlug die Hand vor den schreckensweit geöffneten Mund. Sie kannte die paar Beete, auf denen Rethlevsen mit peinlicher Fürsorge und in wechselnder Fruchtfolge Karotten und Erbsen und Stangenbohnen und Zwiebeln zog, aufgelockert durch einige Margueriten, etwas Phlox und - wenn die Zeit dafür kam - etliche Herbstastern.

„Sie wollen von Ihrem kostbaren Land etwas opfern?" fragte sie erschauernd. Wahrscheinlich wußte nur sie die Größe dieses Beitrags zum jungen Linsenverband zu würdigen. Rethlevsen nickte.

„Ich habe noch nie Linsen im Garten gehabt. Morgen früh gehe ich zum Samen-Karl und erkundige mich, wie man das macht. Die anderen in der Kolonie sollen sich wundern!" Grischa trug ihn in seine Liste ein und unterstrich den Namen, wie sich das für einen Präsidenten gehört.

„So. Ohne Ihre Bedeutung zu schmälern, Daddy - noch wichtiger als alle Mitglieder ist ein ausreichender Fundus von Papier. Die Schreibmaschine stelle ich zur Verfügung; sie ist ohnehin arbeitslos nach dem Zusammenbruch meiner Seilerzeitschrift. Aber woher kriegen wir billig Briefpapier gedruckt und später die Verbandsnachrichten und den Pressedienst und all' das?"

Dies wußte Günter Wagner.

„Drucker Kurt. Er kommt aus Greifswald und kämpft in Köln mit seiner Offsetmühle täglich ums Überleben. Außerdem hat er noch das Zelt, das wir ihm geliehen haben, als er mit der Brigitte in die Dordogne fahren wollte, und die

doppelschläfige Luftmatratze. Er wird uns entgegenkommen."
„Nimm' gleich morgen mit ihm Kontakt auf! Ist noch Wein da?"
„Im Keller!" nickte Rethlevsen. Tango von Dahlen spielte mit ihrem Glas.
„Ich hätte schon noch Durst", sagte sie. "Auf der anderen Seite... am Nachmittag hat mir der RCDS in der Mensa einen doppelten Cognac aufgedrängt, dann gab es Martinis in der Gemischten Kommission des vorbereitenden Komitees zum Sekretärinnentag, später den Sekt mit Orangensaft in der Botschaft von Honduras und noch einen Gin Tonic mit dem Attaché der Deutsch-Schwedischen Handelskammer auf der Terrasse.."
„Auf gut Deutsch: Du hast genug!" stellte Willmuth fest.
„Du sagst es. Komm!"
Sie verabschiedeten sich aus der Runde, und auch Günter Wagner zog sich mit seiner Babett zurück. Grischa Costers kämpfte noch mit sich. Dann gab er sich einen Ruck.
„Als Geschäftsführer eines in Gründung befindlichen Verbands von - ich zögere nicht zu sagen - angestrebter europäischer Bedeutung erwarten mich Aufgaben, die meine volle Konzentration rund um die Uhr erfordern."
"Das hast du aber schön gesagt!" lobte Rethlevsen. Costers grinste.
„Wenn jemand die Jungen Pioniere überlebt hat und die SED und das alles ohne jeden Stasi-Flecken auf seiner Weste, ist er nach meiner Erfahrung auch fürs Überleben im freien Westen gestählt. Genau hinschauen und dann die Leute mit ihren eigenen Waffen schlagen ist das Rezept der Lebenskunst gegen Ende des zweiten christlichen Jahrtausends, Daddy!"
"Klingt vernünftig. Danke übrigens, daß ihr mich zum Präsidenten gemacht habt! Bei der Post wäre ich das nie geworden!"

*

In der Halle der Neuen Justiz zu Köln hatte man eine Amtsperson installiert, die lediglich als Wegweiser durch das Labyrinth der Zuständigkeiten diente. Costers trat beherzt vor sie hin.

„Sie wünschen?"

„Es geht um die Gründung des Deutschen Linsenverbands", brachte er vor.

„Linsenverband? Also optische Industrie. Zimmer 516."

„Verzeihung - nicht die Linsen für den Durchblick, sondern die, aus denen man Suppe kocht. Mit Würstchen, wissen Sie?"

„Lebens- und Futtermittel also. 517. Sie können einen Lift nehmen. Fünfter Stock", fügte die Amtsperson entgegenkommenderweise hinzu. Gehorsam trotteten die in Gründung befindlichen Verbandsoberen durch die Halle, fuhren in den fünften Stock hinauf und fanden das richtige Zimmer. Babett fühlte ihr Herz klopfen und das des kleinen Jacob dazu; Justiz machte sie immer ein wenig scheu, obwohl sie noch nie sich etwas hatte zuschulden kommen lassen. Aber die Zeit der dauernden Ungewißheit, ob man nicht doch gegen die herrschende Lehrmeinung oder eine ihrer Auslegungen verstoßen hatte, wirkte bei ihr noch immer nach. Costers mochte ähnlich fühlen, aber er gab sich weltmännisch und füllte die Fragebogen aus, die ihm die blondere der beiden Sachbearbeiterinnen vorlegte. Sie erregten mit ihrem Anliegen keinerlei Aufsehen und wurden nicht anders behandelt als die Gründer von Baubetreuungsfirmen oder Immobilienfonds - also abwartend neutral bis zum Beweis unlauterer Absichten...

Sie wollten sich schon wieder entfernen, nachdem ihre Unterlagen entgegengenommen worden waren, als eine Seitentür aufging und der eigentliche Hoheitsträger dieses Zweiges der Justiz eintrat. Er lächelte jovial und sagte:

„Na, was haben wir denn bis jetzt, Fräulein Schmitz?"

„Drei Anmeldungen, zwei Liquis, Herr Kolvenbach!" antwortete das Fräulein und schob ihm den Korb mit den Formularen hin. Interessiert blätterte Herr Kolvenbach darin und blickte auf, als er des jungen Linsenverbands ansichtig wurde.

„Sind Sie das? Deutscher Linsenverband?" fragte er über seine Brille hinweg und sah die Gründungsmitglieder an. Grischa Costers nickte. Tango von Dahlen runzelte die Stirn. Babett hatte schon wieder beschleunigten Puls und fühlte, wie sich Jacob bewegte. War es vielleicht doch verboten, einen Linsenverband zu gründen?

„Wußte gar nicht, daß es den noch nicht gibt!" sagte Herr Kolvenbach. „An sich sind wir ziemlich komplett, was Verbände und Zweckvereinigungen betrifft. Hatten wir neulich nicht jemanden mit Hülsenfrüchten, Fräulein Schmitz?"

„Ja. Das waren die mit der Tiefkühlung, Herr Kolvenbach."

Grischa atmete auf. Es hätte ihm gerade noch gefehlt, daß jemand kurz vor ihm auf den Gedanken gekommen wäre, die einzige noch unbetreute Hülsenfrucht in einen Verband einzubinden!

„Das ist wohl etwas anderes", beeilte er sich zu erklären. „Wir widmen uns dem originalen, unverfälschten Naturprodukt und seinen Erzeugern!"

„Aha!" nickte der Jurist. „Wird aber auch Zeit, daß sich mal jemand darum kümmert! Was einem da manchmal angeboten wird, Sie! Neulich hat meine Frau eine Dose Linsen mit Speck und Frischgemüse gekauft - also, ich hab' das Zeug glatt stehenlassen! Fad und ohne jeden Geschmack... dafür müßte es doch eine Art Qualitätskontrolle geben, oder wenigstens ein verläßliches Gütezeichen, meine ich! Als Verband müßten Sie da mal hinterhaken!"

„Das wird eine unserer vornehmlichsten Aufgaben sein , versicherte Grischa. „Sobald wir die Veröffentlichung unserer Eintragung haben, werden wir uns mit allen zu Gebote stehenden Mitteln diesen Problemen widmen und besonders die berechtigten Ansprüche des Endverbrauchers im Auge behalten!"

Babett gab sich einen Ruck. Zumindest dieser Zweig der westlichen Justiz erschien ihr ganz menschlich.

„Ihre Frau sollte auch keine Büchsen kaufen", riet sie dem an Linsen offensichtlich interessierten Juristen. „Ein halbes Pfund, abends eingeweicht und am anderen Morgen mit frischem Wasser aufgesetzt, eine Stange Lauch und eine Möhre mitkochen und vor allem eine Prise Natron, und dann geriebene Kartoffeln, damit die Suppe schön sämig wird..."

Das Fräulein Schmitz klapperte mit den blonden Wimpern.

„Geriebene Kartoffeln? Das muß ich mir merken! Ich habe schon mit Mondamin eingedickt, aber mein Freund ist da nicht für. Was geben Sie hinein? Würstchen oder Schweinebauch?"

„Am besten kochen Sie Schälrippchen mit. Die sind oft im Angebot und schmecken kräftiger."

Tango von Dahlen hatte sich unbemerkt an den Chef dieses feinschmeckerischen Amts herangeschoben.

„Wenn ich Ihnen einen besonderen Tip geben darf", raunte sie ihm vertraulich zu und ließ dabei ihr glockenhelles Organ in einen sinnlichen Alt absinken, „rühren Sie gleich nach dem Servieren einen halben Teelöffel französischen Senf hinein. Am delikatesten ist Senf aus Dijon. Man bekommt ihn allerdings nicht überall."

Der brave Herr Kolvenbach nahm den Hauch eines ihm unbekannten Parfüms wahr und hörte das Rascheln feudalen Tafts.

„Dijon", nickte er. „Ja, das soll der beste sein. Meine Frau hat auch schon mal mit Majoran gewürzt, glaube ich."

„Ganz ausgezeichnet", stimmte ihm Tango zu. „Zur Abwechslung könnten Sie einmal zu Oregano wechseln. Natürlich den echten aus Korsika. Er ist etwas grober geschnitten und unvergleichlich im Aroma. Man darf natürlich nicht zuviel davon nehmen, weil sonst der kernige Linsengeschmack übertönt wird, und auf den kommt es ja an, nicht wahr?"

Herr Kolvenbach verspürte plötzlich einen sehr starken Appetit auf ein Linsengericht und vermeinte seinen Duft in der leicht geröteten Nase zu haben. Er raffte die Antragsformulare zusammen.

„Ich nehm' das gleich mit, Fräulein Schmitz", sagte er, „damit die Damen und Herren vom Verband nicht warten müssen auf die Eintragung. Wünsche Ihnen viel Erfolg bei Ihrer Arbeit!" Er war auf einmal voll Enthusiasmus für diese gute Sache. „Ah, Linsen...!"

*

Als am Morgen alle das Haus verlassen hatten, war auch Daddy Rethlevsen aufgestanden, hatte sein Frühstücksgeschirr ordentlich in die Küche getragen und sich vorm Spiegel eine bunte Krawatte umgebunden. Der hellgraue Anzug paßte ausgezeichnet zu den fein gemusterten blaugrauen Socken. Zufrieden lächelte er sich zu. Als Präsident des Deutschen Linsenverbands würde er wohl in Zukunft noch mehr Wert auf seine äußere Erscheinung legen. Ob er dafür ein Gehalt beziehen würde, hatte er noch gar nicht gefragt Aber auch ohne das erlaubten ihm seine monatlichen Bezüge manch' kleine Extravaganz, mit der er sich von der Masse der Pensionäre wohltuend abheben konnte.
Er trat auf die Straße und wandte sich in Richtung der Fußgängerzone. In zurückhaltender Kollegialität nickte er dem Briefträger mit seinem Wägelchen zu, grüßte den Bäcker, der im Unterhemd vor seinem Geschäft stand, gähnte und sich auf seinen Schnaps freute, nach dem er endlich wieder zu Bett gehen konnte, und trat dann in den Laden vom Samen-Karl ein. Über der Tür regte sich ein Glockenspiel, und drinnen umfing ihn die feucht-warme Atmosphäre der Aquarien und Vogelkäfige und Goldhamsterkästen.
„Ich würde ihm mal ein paar Tage keine Körner geben", riet Samen-Karl, in den weißen Kittel fachlicher Autorität gehüllt, einem alten Frauchen, das in einem glockenförmigen Mantel und mit einem koketten malvenfarbenen Hütchen auf den grauen Locken vor ihm stand und die Handtasche fest an sich gedrückt hielt. „Körner belasten den Kreislauf! Geben Sie ihm mal das hier! Vitapic ist genau richtig für Ihren kleinen Liebling. Und jeden Abend etwas Goldkraft extra. Hab' ich

im Sonderangebot, nur noch diese Woche. Einen halben Tee-löffel ins Futter mengen. Sie werden sehen! Ich leg' Ihnen mal die Großpackung dazu, wegen Risiken und Nebenwir-kungen steht alles drauf... macht siebzehn fünfundneunzig und acht neunundachtzig, das wären zusammen sechsund-zwanzig vierundachtzig, haben Sie eine Tasche da?"

Das Frauchen machte halb betäubt die Handtasche auf und nahm das Geldtäschchen und zählte dem Samen-Karl, des-sen Kasse fast vor Wechselgeld barst, die Summe auf den Pfennig genau hin. Samen-Karl steckte ihr fürsorglich die Packungen in die Tasche und nickte wohlwollend. "Jetzt können Sie zusehen, wie's hilft!"

Das Frauchen ging mit kleinen Schritten hinaus, verabschie-det von dem Klingen und Klirren über der Tür und dem Zwit-schern zahlloser Vögel in ihren Käfigen und Volieren. ,,Mor-gen, Herr Rethlevsen!" wandte sich Samen-Karl dem Ver-bandspräsidenten zu, der sich auf einmal wie Harun al Raschid vorkam. ,,Was darf's denn heute sein? Für die Erbsen ist es ja noch etwas früh, aber ich habe herrliche Gloxinien, und wenn Sie die Astern schon vorziehen wollen?"

Daddy Rethlevsen schüttelte den Kopf. ,,Nee", sagte er. ,,Ich wollte Sie nur was fragen."

,,Ja? Um was geht es denn?"

,,Um Linsen."

Samen-Karl glaubte sich verhört zu haben. ,,Wie bitte?"

,,Ich wollte nach Linsen fragen. Weil ich mir gedacht habe, ich könnte mal Linsen anbauen."

Samen-Karl schluckte. In seinem ganzen Angebot hatte er noch nie Linsen gehabt. Er wußte auch nicht, woher er Lin-sen bekommen konnte. Und wie man Linsen zieht, war ihm völlig schleierhaft.

,,Linsen", sagte er noch einmal und überlegte. ,,Ich weiß, was Sie meinen, Herr Rethlevsen. Der Gedanke ist mir auch schon öfter gekommen. Aber Linsen hier anzubauen empfiehlt sich wirklich nicht. Ich sage Ihnen das ganz ehrlich. Ich rede so-gar gegen meine Interessen als Saatguthändler, wenn ich Ihnen davon abrate."

„Ja?"

Samen-Karl geriet in Feuer.

„Sehen Sie, Linsen - also Leguminosen - brauchen ein ganz besonderes Klima. Hart und trocken, aber viel Sonne und Feuchtigkeit. Kalkreiche Böden vor allem mit viel Sand und Humus. In unseren Breiten ist die durchschnittliche Jahresmitteltemperatur viel zu gering; die Frucht reift nicht aus. Lassen Sie's bleiben, Herr Rethlevsen. Erbsen - ja, das ist etwas anderes! Da habe ich sehr schöne Sorten, mittelfein, die Köstliche von Schulau oder Harbrechts Liebste, oder versuchen Sie mal die neuen kanadischen Perlerbsen! Die werden bis zu vier Metern hoch, wenn man sie an Reisern zieht! Und zuckerzart!"

Rethlevsen überlegte, woher er wohl vier Meter hohes Reisig beziehen könnte, und schüttelte den Kopf.

„Das überleg' ich mir nochmal", entschied er und wandte sich zum Gehen. Er hatte das unbestimmte Gefühl, als stehe dem Deutschen Linsenverband noch viel Aufklärungsarbeit im Volke wie auch im Fachhandel bevor. Zwei Türen weiter war der Supermarkt; er trat ein, fand im Regal eine ganze Reihe Plastiktüten mit ausgesuchten Delikateßlinsen und nahm gleich zwei davon. Möglicherweise ging nicht jede Linse in seinem Beet an, und er wollte sich auf keinen Fall blamieren.

*

Vor der Neuen Mensa hatten sie Willmuth aufgenommen, der sie dort erwartet hatte, und jetzt schnurrten sie in Tangos überladener Ente nach Westen.

„Wo haust dein Onkel eigentlich?" fragte Tango. Willmuth blickte aus dem Seitenfenster, erkannte zwinkernd die Gegend wieder und wies unbestimmt nach vorn.

„Fahr' nur die Zülpicher Straße entlang. Es ist noch ein ganzes Stück hinter Zülpich."

Tango blickte ihn liebevoll im Rückspiegel an.

„Nur führt halt die Zülpicher Straße nicht nach Zülpich, Lieber. Sie endet in einem Straßenbahndepot, soweit ich mich an meine ersten Streifzüge durch die Domstadt erinnere. Ich werde lieber die Luxemburger nehmen; die Richtung dürfte im großen und ganzen dieselbe sein." Sie stieß mit dem Ellbogen die Fensterklappe auf, streckte den Arm hinaus und bog ab.

„Erzähl' uns etwas über deinen Onkel," bat Costers. „Wir wollen unserem ersten Mitglied nicht ganz unvorbereitet gegenübertreten!"

Willmuth kratzte sich am Kopf.

„Ich kenne ihn ja selber kaum. Aber was man sich so über ihn erzählt, ist er ein bißchen seltsam und hat ein heftiges Gemüt. Er wohnt halt allein in der Eifel, und da wird man wohl so."

„Wie?"

„Beispielsweise läßt er sich nicht gern aus der Ruhe bringen, aber wenn es sein muß, legt er los. Im Winter sitzt er wochenlang da und hat's kalt. Er zieht einen Pullover über den anderen, bis es ihm zuviel wird. Dann heizt er ein, und das läuft meist auf einen Kaminbrand hinaus. Normalerweise trinkt er kaum mal einen, nur manchmal nimmt er seinen Schwarzgebrannten her und leert gleich ein paar Flaschen. Dabei geht dann allerhand zu Bruch, aber hinterher ist er ganz zufrieden und normal."

„Kein einfacher Verhandlungspartner, wie es scheint!"

„So darfst du das auch wieder nicht sehen, Grischa. Wenn er gerade seinen Arbeitskoller hat, ist er imstande und pflügt sein ganzes Land um und sät Linsen ein. Womöglich sogar im Vorgarten und zwischen den Bäumen in seinem Wald."

„Das müssen wir verhindern!" fuhr Grischa hoch. „Was ist, Babett?"

Babett war etwas weiß um die Nase.

„Wenn wir an einer Frittenbude vorbeikommen, haltet doch mal! Jacob hat Hunger, daß mir schwarz vor Augen wird!"

„Habt ihr denn noch nichts gegessen?" wunderte sich Willmuth. „Ich dachte, ihr hättet euch auf die Verbandsgründung hin ein Bankett geleistet! Ich habe vorhin in der Mensa... ach, das muß ich euch ja noch sagen! Wir sollten besser noch einen Schutzverband der Linsenfreunde gründen. Was der Mensakoch mit den Linsen angestellt hat, schreit zum Himmel. Schwärzlich sämig und sauer hat er sie gekocht, mit den Resten des gestrigen Schweinebratens. Zum Speien!"

„Was hast du damit gemacht?" fragte Tango sachlich. „Hoffentlich dem Koch ins Gesicht geschüttet?"

Willmuth schüttelte den Kopf.

„Nein.

„Gegessen?"

Willmuth nickte.

„Aus dir wird nie ein feiner Mann!" resignierte Tango und griff ihm in die Brusttasche seines mit kleinen Marienkäfern bedruckten Hemds, wo die Zigaretten steckten. Die Ente geriet vorübergehend außer Kontrolle, schlingerte wild und bewegte sich auf zwei farbenfrohe Radsportler zu, die geistesgegenwärtig in einen Feldweg abbogen. Aber da hatte Tango ihr Fahrzeug schon wieder in der Gewalt und fuhr ihren Volkswirtschaftler an:

„So laß' doch den albernen Feuerlöscher los und gib mir endlich die Streichhölzer!"

*

Eine knappe Stunde später sahen sie Onkel Helmuts Anwesen im hellen Sonnenschein vor sich liegen, eingebettet in sanft geschwungene Wiesen und gelbe Gerstenfelder, weit genug von einem Dorf mit spitzem Kirchturm entfernt, das sich weiter rechts zwischen die Waldhänge duckte. Aus dem Schornstein des Wohnhauses kam ein dünner Rauchfaden, der im steten Wind sogleich zerflatterte. Willmuth kniff die Augen zusammen.

„Er sitzt auf dem Dörpel", sagte er.

„Wo?" Tango reckte sich hoch und blickte über die Windschutzscheibe, ohne dabei den Fuß vom Gas zu nehmen.

„Auf dem Dörpel. Das ist die erhöhte Schwelle der Haustür. Wenn er da sitzt, soll er angeblich gut gelaunt und ungefährlich sein. Sagen die Leute in unserer Familie, die ihn kennen."

Tango dachte an Krokodile, die ja auch als friedlich gelten, wenn sie faul im Wasser liegen und ein Opfer verdauen. Entschlossen wechselte sie in den zweiten Gang und lenkte auf den steinigen Feldweg. Wenig später hielt sie vor dem Haus, auf dessen Schwelle immer noch der Onkel saß und ihnen gleichmütig entgegenblickte. Sie stiegen aus, und Tango gab Willmuth einen Stoß.

„Hallo, Onkel Helmut!"sagte der und winkte ungeschickt mit der Hand. Der Onkel griff an den Türpfosten und erhob sich steifbeinig. Tango musterte den hageren, wettergegerbten alten Burschen mit vielen Fältchen um die hellen Augen, mit ungekämmtem Strubbelhaar und einem bunten Hemd unter dem ausgedienten Marinepullover. Sie gewann augenblicklich den Eindruck, daß sie mit dem wackeren Knaben schon irgendwie auskommen würde.

„Tach, Junge!" sagte der Onkel. Willmuth trat an ihn heran und schüttelte ihm die Hand. „Nett, daß du wieder einmal heraufkommst! Besuch aus den Neuen Bundesländern haben wir hier selten. Wen hast du denn da mitgebracht?" Willmuth wandte sich um und stolperte dabei auf den unregelmäßigen Feldsteinen, mit denen der Hof gepflastert war. Aber ehe er zu einer Vorstellung ansetzen konnte, war Tango von Dahlen mit zwei schwingenden Schritten vor dem Alten und lachte ihm ins Gesicht.

„Ich bin seine Verlobte. Tango von Dahlen", sagte sie laut und deutlich. „Babett Tscheunitz mit ihrem einstweilen ungeborenen Sohn, der Vater Dr. Günter Wagner, und Grischa Costers. Wir wohnen zusammen und wollten einfach mal heraus aus dem Nest unten am Rhein. Wenn Sie gerade was zu tun haben, sagen Sie uns, was wir helfen können. Und wenn wir stören, jagen Sie uns einfach wieder den Berg hinunter!"

Der Onkel maß die aparte Tango mit Wohlgefallen und schüttelte den Kopf.

„Zu tun hab' ich gerade nichts, und stören tut ihr auch nicht. Kommt herein!"

Er ging ihnen voraus, durch einen kühlen Flur mit hellem Steinfußboden in ein Wohnzimmer, wo zwölf Stühle um einen großen Tisch ordentlich herumstanden und ein dunkler Glasschrank zahlreiches Geschirr sehen ließ. Außer einer Truhe an der Wand und einem ziemlich alten Radio mit Plattenspieler gab es nichts weiter; die Fenster hatten keine Gardinen, aber ihre Scheiben waren blitzblank.

„Setzt euch! Kaffee?"

Sie murmelten durcheinander, und der Onkel nahm es als Einverständnis. Er verschwand; sie hörten Wasser laufen und einen Schrank klappen.

„Besonders luxuriös hat er's nicht," stellte Tango fest. „Aber das alles hat Stil, ihn eingeschlossen!"

Der Onkel kam zurück.

„Da im Schrank ist Geschirr, junge Frau!" sagte er zu Tango. Er stellte die Glaskanne einer durchaus zeitgemäßen Kaffeemaschine auf einen eisernen Untersatz und eine taufeuchte Milchflasche aus dem Kühlschrank daneben. „Ich hole uns noch einen Schnaps dazu. Selbstgebrannten!" Mit dieser Drohung ging er wieder hinaus, und als er zurückkehrte, hatte er Spinnweben im Haar und unterm Arm zwei Literflaschen mit klarem Destillat.

„Schlehen", sagte er nur und setzte sie hart auf die hölzerne Tischplatte. „Wollte diesesmal Schlehen versuchen. Wachsen ja genug in der Gegend."

„Und als du fertigwarst, hing nicht eine einzige mehr an den Büschen!" grinste Willmuth. Der Onkel nickte.

„Wenn ich was mache, dann auch gründlich. Zweihundert Flaschen hat's gegeben, und er ist gut geworden. Bringen Sie die kleinen Gläser mit, junge Frau! Übrigens - heißen Sie wirklich Tango?"

Tango von Dahlen stellte Tassen und Untertassen und kleine Stamper auf den Tisch und lachte.

„So verrückt sind selbst die von Dahlens nicht mehr. Getauft bin ich auf Victoria Maria Louise. Aber meine Brüder meinten, ich legte meinen Lebensweg mehr im Tangoschritt zurück, als ich in Jena zum drittenmal die Fakultät wechselte - mir gefiel halt sozialistische Biologie nicht besonders und sozialistische Tiermedizin auch nicht. So bin ich zu dem Namen gekommen."

„Auch nicht schlecht! Schenk' ein, Junge! Wollen Sie lieber einen Sprudel?" wandte er sich an Babett.

„Nein, danke. Wenn's bei einem Schlehengeist bleibt, kann es ihm kaum schaden!"

Willmuth schenkte ein, Tango goß den Kaffee in die Tassen, und dann tranken sie. Erst den Schnaps, der klar und herb und sauber schmeckte, und dann den Kaffee, der schwarz, stark und heiß war. Grischa räusperte sich. Als Geschäftsführer des Deutschen Linsenverbands spürte er seine Verpflichtung.

„Wir sind natürlich nicht heraufgekommen, um mit Ihnen Kaffee und Schnaps zu trinken - der übrigens ausgezeichnet ist!" sagte er. „Sie leben hier oben von der Landwirtschaft?" Onkel Helmut blickte ihn belustigt an.

„So ist es! Ich lebe davon! Dreißig Hektar im Umkreis, und noch zwanzig Morgen Wald. Keine Schulden. Aber ich frage mich, wie lange das noch geht. Die Politiker da unten am Rhein, neuerdings in Berlin und mehr noch die in Brüssel spielen ja immer mehr verrückt."

„Das ist leider wahr!"

„Mit der einen Hand unterstützen sie den Anbau von Getreide, das keiner haben will, und mit der anderen ziehen sie uns das Geld wieder mit Kontingentierung und Stillegungen aus der Tasche!" schimpfte Onkel Helmut und schenkte sich noch einen Schnaps ein.

„Und die bäuerlichen Standesorganisationen tun nichts?"

„Ha! Was sollen sie denn machen? Hier wächst ja nichts außer Gerste und Roggen, und schon der Raps war eine Pleite, als wir es damit versuchten!"

„Das haben wir gesehen. Wir kommen zwar fast alle aus der Stadt, Babett und Günter aus Halle, ich aus Weimar, aber die Not der Landwirte läßt auch uns nicht kalt. Deshalb haben wir nach einem Ausweg gesucht und ihn wohl auch gefunden!"

„Da bin ich aber gespannt!" sagte der Onkel und stützte beide Ellbogen auf den Tisch. „Was habt ihr denn ausgeheckt?"

„Wir haben den Deutschen Linsenverband gegründet. Ein schlagkräftiges Instrument der Interessenvertretung mit seinem ausdrücklichen Ziel der Unterstützung des Linsenanbaues."

„Linsen?" Der Onkel zwinkerte etwas verwirrt.

„Ja, Linsen! Die letzte Lücke auf dem bäuerlichen Markt! Und vermutlich die Rettung gerade für die Landwirte, die auf ihren kargen Böden und in klimatisch ungünstigen Gebieten kaum etwas anderes ernten können als die anspruchslose, genügsame Linse!"

„Linsen!" murmelte der Onkel noch einmal. Er überlegte. Dann sah er auf. „Und Sie können etwas für diese Leute tun?"

"Das ist der einzige Zweck unseres Verbandes!" sagte Grischa und machte ein überzeugendes Gesicht. „Wir versprechen keine goldenen Berge, aber mit solider Verbandsarbeit steigern wir den Linsenverbrauch und regeln den Linsenmarkt nach den Erfordernissen der Erzeuger!"

"... und da kann jeder Mitglied werden?"

„Wer im Rahmen einer vorwiegend landwirtschaftlichen Erwerbstätigkeit den Linsenanbau betreibt - selbstverständlich. Wir sind ein noch junger Verband und über jedes Mitglied hoch erfreut."

„Und das kostet einen Beitrag?"

„Wir helfen unseren Mitgliedern, nicht umgekehrt", behauptete Grischa Costers. „Eine geringe Gebühr. Schließlich streben wir Gemeinnützigkeit an!"

„Ja", nickte Onkel Helmut sinnend. „Ein e.V. macht sich

natürlich gut beim Finanzamt. Die Sache könnte mir vielleicht Spaß machen!"

„Sie wollen einer der Unseren werden?" fragte Tango und sandte ihm einen Glitzerblick über den großen Tisch. Onkel Helmut grinste listig.

„Besonders hohe Erträge werden ja wohl nicht gleich erwartet?" fragte er. Grischa hätte fast „Im Gegenteil!" gesagt, unterdrückte das gerade noch rechtzeitig und schüttelte nur stumm den Kopf.

„Auf dem Streifen am Schwarzen Grund wächst sowieso nichts Besonderes", sann der Onkel laut nach. „Den könnte ich mit Linsen einsäen. Und dann bin ich Mitglied im Deutschen Linsenverband?"

„Ganz offiziell, mit einer Plakette, die Sie ans Hoftor nageln können, und unserem ganzen Service!"

Jetzt strahlte der Onkel. Er schenkte alle Gläser noch einmal voll. „Endlich einmal etwas, das keiner der anderen hat! Im Raiffeisenverband sind sie alle, in der Erzeugergenossenschaft auch, in der Freiwilligen Feuerwehr und in der Schützenbruderschaft! Aber im Deutschen Linsenverband bin nur ich! Prost!"

Babett mußte dringend einmal hinaus, und Tango nahm ihren Block aus der Tasche.

„Ich brauche noch Ihre Daten", sagte sie. „Eigentlich ist das Babetts Aufgabe, weil sie das Sekretariat macht, aber bei uns geht es nicht so eng zu!"

„Na, dann schreiben Sie mal!" meinte der Onkel gut gelaunt.

Grischa Costers hielt es nicht mehr im Zimmer. Er ging hinaus und tat die paar Schritte bis zum Zaun, hinter dem die Gänse watschelten. Vor ihm wellten sich die Eifelhöhen in bläulichem Dunst. In den tief eingeschnittenen Tälern lag schon der Nebel, und hinter dem Horizont ahnte er Brüssel, die Hauptstadt der Europäischen Gemeinschaft. Dieser erste Erfolg bei Willmuths Onkel hatte ihn aufgewühlt. Wenn es so weiterging mit dem Deutschen Linsenverband... war Brüssel dann ein unerreichbares Ziel? Würde er eines Tages vielleicht in der Rue de la Loi 200 an die Türen klopfen? Als Repräsentant einer bäuerlichen Heerschar, deren berechtigte Anliegen auch dort gehört werden mußten?

Die anderen hatten sich schon bei der Ente versammelt und riefen nach ihm. Der Abschied vom jüngsten Mitglied des Deutschen Linsenverbands gestaltete sich herzlich. Als sie alle saßen, beugte sich Onkel Helmut noch einmal zu Tango von Dahlens offenem Seitenfenster.

„Eine Frage noch, Victoria Maria Louise", sagte er, so daß ihn die anderen überm Motorengeräusch nicht hören konnten „Das wievielte Mitglied bin ich eigentlich?" Tango sah ihm tief in die Augen.

„Das erste", gab sie ebenso leise zu. Der Onkel nickte.

„Dacht' ich mir. Großartig gemacht! Aus eurem schwarzhaarigen Grischa wird noch was, und aus euch anderen hoffentlich auch. Hier!" Hinter dem Rücken hatte er die zweite Flasche Schlehenschnaps verborgen gehalten. Er reichte sie Tango durchs Fenster, trat zurück und winkte. Tango gab Gas und verstaute die Flasche. Die Ente beschrieb einen ratternden Bogen auf dem Hof. Die Gänse schnatterten laut und empört. Und der Onkel blickte dem überladenen Gefährt noch nach, bis es unten in die Landstraße einbog und im Wald verschwand.

*

„Linsula communis L, die gemeine Hauslinse, muß als eine der ältesten Kulturpflanzen der Menschheit gelten. Schon der Papyrus Jackmannii, 1.12o v. Chr., berichtet davon und führt ein Rezept auf für die Schönen des Landes am Nil, die sich mit einer Paste aus Linsen, Mergel und Nelken ihren Teint vor hohen Festtagen bleichten. In der Bibel spielt ein Linsengericht die tragende Rolle beim Handel mit dem Erstgeburtsrecht Esaus. Auch in Germanien stand die Linse in hohem Ansehen: Man hat den Mageninhalt altgermanischer Moorleichen untersucht und darin gut erhaltene Verdauungsrückstände identifizieren können, die auf Linsenmus als Henkersmahlzeit deuten."

„Igitt", sagte Babett, die Günter Wagner über die Schulter schaute. „Muß denn das mit hinein? Mir wird ganz übel, wenn ich mir' das vorstelle!"

Wagner nahm die Finger von der Tastatur seiner altmodischen Schreibmaschine.

„Das muß hinein. Moorleichen sind die erhabenen Anfänge unserer deutschen Geschichte. Mehr haben wir nicht aus der Zeit."

„Aber Tacitus..."

„Gut, daß du den alten Schwätzer ins Spiel bringst!" nickte Wagner und begann einen neuen Absatz seiner Geschichte der Linse in Kurzfassung:

„Auch der bekannte römische Schriftsteller Tacitus erwähnt die Linse als deutsches Volksnahrungsmittel. In einem seiner Werke beschreibt er ein Festmahl der Sugambrer, bei dem zu Wildschweinkeulen ein leckeres Linsenmus gereicht wurde, wozu die reisigen Helden dickflüssigen Met aus Büffelhörnern tranken, bis sie berauscht auf ihre Bärenfelle sanken."

„Das steht nie und nimmer im Tacitus!" empörte sich Babett.

„Es könnte aber drinstehen", gab Wagner ungerührt zurück. „Der hat noch ganz andere Ungereimtheiten zum besten gegeben! Aber laß' mich weiter' durch die Geschichte der Linse eilen, Weib!"

Babett ging daran, einen außerordentlich gesunden Tee aufzugießen.

"Magst du auch einen?"

„Ist das' die Mischung von den Rheinwiesen?"' fragte Wagner argwöhnisch.

„Aber nein! Den haben wir bei dem Ausflug nach Maria Laach gesammelt!"

„Dann ruht vielleicht sogar mönchischer Segen darauf! Schenk' ein! Wir müssen ihn wegtrinken, ehe der Große Westliche Wohlstand über uns kommt und wir nur noch Darjeeling Broken Pekoe zu uns nehmen!"

Babett ließ das mißfarbene Getränk aus der Kanne in die Tassen laufen und sah ihm wieder über die Schulter.

"...und auch Moltke, der große Schweiger, aß Linsen gern vor der Schlacht. Im deutschen Kaiserhaus, das für seine einfache, gesunde und volksnahe Kost berühmt war, gab es allsamstäglich Linsen zum Abendessen im kleinen Kreis, und selbst der französische Gesandte konnte diesem herzhaften Imbiß einmal seine Anerkennung nicht versagen."

Babett rang die Hände.

„Ich habe eher den Verdacht, daß damit der Erste Weltkrieg ausgelöst wurde!" sagte sie.

„Nicht auszuschließen. Geschichtsschreibung ist schon immer Ansichtssache gewesen. Hauptsache, unser Pressedienst bringt eine neue Sicht der Dinge. Man wird ihn uns aus den Händen reißen und in Millionenauflage verbreiten!"

„Vorausgesetzt, die Tango macht mit, wenn sie aus dem Bayerischen Wald heimkehrt!"

„Wenn Tango wiederkommt, was bei ihrer unorthodoxen Art zu reisen noch einige Zeit dauern kann, ist der Pressedienst längst gedruckt und an die aufhorchenden Redaktionen unterwegs."

„Muß das denn überhaupt sein?" fragte Babett und nippte an ihrem Tee und verzog das Gesicht.

„Natürlich. Wie willst du sonst die Linse ins Gerede bringen? Wenn die deutsche Nation die Linse wiederentdeckt und mindestens einmal in der Woche Suppe davon kocht, wird der Linsenabsatz gehoben. Immer mehr Bauern werden Linsen anbauen und dabei natürlich in den Deutschen Linsenverband eintreten. Wir versammeln eine Armee von Linsenbauern hinter uns und werden damit unsere berechtigten Forderungen nach Subventionen, Anbauprämien und Preisgarantien durchsetzen!"

„Na, schön - dann geht's den Linsenbauern gut. Aber was verdienen wir dabei?"

"Mitgliederbeiträge. Und Prozente. Was an staatlichen Beihilfen hereinkommt, wird zunächst einmal zum Aufbau unseres Verbands eingesetzt, und von jeder Subventions-Million wird ein gesunder Anteil bei uns hängenbleiben."

„Aber - ist das denn erlaubt?"

Günter Wagner zog das Blatt aus der Maschine. Was die Geschichte der Linse betraf, gedachte er beim deutschen Kaiserhaus aufzuhören, denn danach kam nicht mehr viel Erfreuliches.

„Um Gotteslohn arbeitet keiner unserer Verbände. Würdest du das hier bitte abheften?"

„Warum ich?"

„Abheften ist Sekretariatsarbeit, und das Sekretariat bist du!"

Babett nahm das Blatt und ahnte, daß zumindest eine gewisse Vergütung ihrer Bemühungen zum Wohl der Linse sauer verdientes Geld sein würde.

*

Der sechsachsige Kranwagen hielt mit knirschenden und fauchenden Bremsen vor dem Gutsportal derer von Schnelz-Wahnfeld, und Tango von Dahlen kletterte aus dem Fahrerhaus.

„Nochmals Dankeschön!" winkte sie fröhlich hinauf und schulterte ihren Reisesack. Das wuchtige Fahrzeug rollte mit dröhnendem Motor an und hinterließ eine schwarze Dieselwolke, die jedoch gegen die würzige Luft des Bayerischen Waldes auf die Dauer keine Chance hatte.

Tango spazierte in den weitläufigen Hof hinein. In der Tür über der Freitreppe erschien Maria von Schnelz-Wahnfeld. Sie hob die Hände gen Himmel und flog die ausgetretenen Steinstufen herunter, daß ihr Busen wogte.

„Ja, mei - die Tango! Wie schön, daß du so bald schon wieder hergefunden hast!' Sie drückte sie an ihr Herz. „Wie schaust du aus? Noch dünner bist du geworden! Und du bist wahrhaftig mit einem Kranwagen hergekommen? Das letztemal war es ein Sattelschlepper, nicht wahr?"

„Die Mitfahrzentrale hatte nichts anderes anzubieten. Du wohnst halt ein wenig abgelegen, Maria. Nach München hätte ich zwischen Mercedes und BMW wählen können, aber hierher in den tiefen Wald fuhr nur der Kran, der in Sulzbach ein halbes Walzwerk demontieren soll."

„Na, egal! Wenn dir sowas Spaß macht... du kommst genau richtig! Ich habe für heute abend ein paar Leute eingeladen, unseren Bundestagsabgeordneten, den Hagenauer Bernie, der jetzt in Brüssel ist, und den Baron Poldi von der Landwirtschaftskammer. Da kannst du ein bißchen mitrepräsentieren! Nur mußt du halt etwas anderes anziehen!"

Die Erwähnung der geladenen Gäste ließ Tangos Herz höherschlagen. Für die mußte der Deutsche Linsenverband doch eine fast schon exotische Attraktion sein!

„Ausgezeichnet! Solche Bekanntschaften wollte ich ohnehin machen!"

„Warum? Ich denk', du willst den Willmuth heiraten?"

„Eben drum. Sag' mal, Maria, hast du schon einmal Linsen angebaut?"

„Linsen?" fragte Maria von Schnelz-Wahnfeld verblüfft und schob Tango ins Haus.

„Ja, diese kleinen braunen Hülsenfrüchtchen. Man kann eine Suppe davon kochen. Sie wachsen, glaube ich, auf Sträuchern."

„Was für eine Frage! Wie kommst du darauf?"

Tango schenkte ihr das, was sie einen „ehrlichen Blick aus treuen Augen" nannte.

„Also... wir haben den Deutschen Linsenverband gegründet. Ich mach' die Öffentlichkeitsarbeit. Du, das kann ein Traum-Job werden!"

Maria sah nicht nur zauberhaft mütterlich aus, sondern nickte auch so.

„Möglich. Aber ein Haken ist doch dabei?" Wenn Tango von Dahlen bisher mit Traum-Jobs gekommen war, dann hatten sie immer einen Haken gehabt, und meist einen recht spitzen.

„Nun, ja - der Verband ist noch sehr jung, weißt du. Wir haben ihn gerade erst gegründet. Deshalb fehlen uns noch ein paar Mitglieder."

Maria lächelte.

„Ich soll also in euren Deutschen Linsenverband eintreten? Wenn das alles ist, und wenn's nicht zuviel Geld kostet, will ich euch den Gefallen gern tun!"

„Das ist unheimlich lieb von dir, Maria! Würdest du eventuell auch ein paar Linsen anbauen? Wegen der Wahrhaftigkeit, weißt du! Es brauchen ja nicht viele zu sein."

Maria zog die Stirn kraus.

„Linsen anbauen? Ja - geht denn das hier überhaupt? In unserer Gegend hat das noch nie jemand versucht, fürchte ich. Aber wenn dir soviel daran liegt, werde ich mit Hausmann sprechen. Ob es ein Erfolg wird, weiß ich aber nicht. Wir haben manchmal Schwierigkeiten, unsere Gerste großzukriegen."

„Aber das macht doch gar nichts!" strahlte Tango ihre fesche Cousine an. „Einen nennenswerten Ertrag brauchst du damit nicht zu erwirtschaften. Im Gegenteil, wenn's schiefgeht, haben wir noch ein Argument mehr, um Hilfe für unsere armen Linsenbauern zu fordern! Verstehst du?"

Maria von Schnelz-Wahnfeld zog die Augenbrauen zusammen und dachte nach. Da sie nicht nur ein halbes Fürstentum Wald, sondern auch eine raffiniert betriebene Landwirtschaft besaß, wurde ihr Tangos Anliegen sehr schnell klar.

„So läuft der Hase also!" sagte sie schließlich anerkennend. „Wer hat denn die geniale Idee gehabt?"

„Grischa."

„Der dämonische Schwarzhaarige aus eurer Ossie-Kommune?"

„Ja. Wir sind sogar schon gerichtlich eingetragen."

Maria lachte.

„Dann bist du heute abend an der richtigen Adresse! Ich lach mich tot! Geh her, und zieh dich um! Ich geb' dir eines meiner Abenddirndl. Oben herum mußt du es halt etwas auspolstern. Und Hausmann soll einen halben Hektar Linsen einsäen, komme, was da wolle!"

*

Beim Cocktail in der Halle vor dem Abendessen hatte Tango den Hagenauer Bernie kennengelernt, der jetzt in Brüssel sei, wie ihre Cousine mit einem leicht abwertenden Unterton versichert hatte. Er entpuppte sich als der schwergewichtige, in die herkömmliche Landestracht gekleidete Graf Bernhard von Hagenau, der über einen polternden, urwüchsigen Charme verfügte und - wie er mit tiefer Stimme anklingen ließ - eine nicht ganz unbedeutende Rolle in der Europäischen Gemeinschaft spielte, Fachbereich (natürlich, was sonst?) Landwirtschaft. Tango war ihm von der konspirativen Maria skrupellos als Direktorin für Öffentlichkeitsarbeit im Deutschen Linsenverband präsentiert worden. Der Graf starrte sie glupschäugig unter starken, rötlichen Augenbrauen an.

„Interessant, interessant!" grollte er und drehte sein Whiskyglas zwischen den dicken Fingern. „Linsenverband? Soviel ich weiß, noch nicht bei uns akkreditiert, eh?"

Tango hatte schon einen oder zwei Sherry mit ihrer Cousine getrunken und labte sich gegenwärtig ebenfalls an schottischem Whisky, des besseren Geschmacks wegen ohne Wasser, aber dafür etwas mehr.

„Nun, ja, nun ja...", sagte sie, „wir bemühen uns gegenwärtig, die fachlichen und vor allem wirtschaftlichen Probleme auf nationaler Ebene zu lösen. Der nächste Schritt, also der auf die europäische Ebene, ist schon konzipiert."

„Recht so!" lobte der Graf. „Sagen Sie, Komteß, Linsen... der Anbau spielt noch keine sehr umfangreiche Rolle, nicht wahr? Ich meine, verglichen mit den Zahlen der Getreide- oder Hülsenfruchtproduktion in der Gemeinschaft?"

Tango nahm noch einen Schluck. „Wenn du wüßtest!" dachte sie. Der Whisky rann mild und wohltuend durch ihre Kehle.

„Noch nicht", gab Tango zu. „Wir stehen zwar in einer großen Tradition, die in ihren historisch belegbaren Ursprüngen bis in das späte Mittelalter reicht, aber eine bedauerliche Entwicklung, die ihren Höhepunkt in der fortschreitenden Industrialisierung fand, hat sich in wachsendem Maß auf die tradierten Formen der Anbaukulturen gerade in den neuen Bundesländern ausgewirkt, während in der alten Bundesrepublik schon von je her nur sehr periphere Produktionsmaßstäbe angelegt werden konnten." Sie brachte den Satz einigermaßen elegant zu Ende, wußte aber nicht mehr genau, was sie eigentlich gesagt hatte. Graf Hagenau war beeindruckt und wiegte den Kopf.

„Sehr bedauerlich, das alles!"

„Aber zugleich ein vielversprechendes Feld für die erfolgreichen Bemühungen unseres Verbandes!"

„Tatsächlich! Das interessiert mich!" Der Hagenauer Bernie mußte einen Rülpser unterdrücken, was ihm nicht ganz gelang. „Pardon!"

„Natürlich. Sie wissen ja, daß die Linse zu den genügsamen Feldfrüchten zählt. Mergelböden, tonige Sande... auf Brachgelände gedeiht sie in den ersten Jahren fast ohne Düngung. Aber viel wichtiger ist ja die Bodenverbesserung." Tango dachte nach, beschwor vergeblich die Erinnerung an vergangene Biologiestunden herauf, und dann fiel ihr gerade noch rechtzeitig der saure Regen ein. "Besonders heute, wo wir ja überall die Probleme mit der Übersäuerung des Bodens haben!"

„Der saure Regen!" nickte der Graf, als spräche er vom Teufel leibhaftig. „Da kann die Linse...?"

„So ist es. Schon unsere Vorfahren wußten das. Nach der Ernte haben sie die Linsensträucher mit ihren biologischen. Kalkskeletten in den Stämmen und Zweigen verrotten lassen und im nächsten Frühjahr untergepflügt. Wissen Sie, wie viele saure Wiesen damals auf diese einfache Art und Weise rekultiviert worden sind?"

Der Graf riß die Augen auf.

„Aber das wäre ja die Lösung!" staunte er.

„Das ist die Lösung!" betonte Tango. „Und wir sind schon dabei, lieber Graf! In der Eifel, hier im Bayerischen Wald, in den schwer geschädigten und belasteten Gebieten des hoch industrialisierten Niederrheins... wir könnten schon viel weiter sein, wenn nicht... Sie wissen ja: das leidige Finanzierungsproblem!"

„Ach, ja!" Geldsorgen schienen dem Europagrafen fremd zu sein. Tango spürte, wie ihr im Magen warm geworden war, und sie erkannte die wohlvertrauten Symptome whiskybedingten Übermuts, der in ihrer Seele heraufzog. Aber jetzt aufgeben?

„Wir leben weitgehend von den Unterstützungen unserer Mäzene", fuhr sie mit tragischem Unterton in der Stimme fort. „Aber um eine schlagkräftige Öffentlichkeitsarbeit aufzubauen, um dem Linsengedanken die dringend erforderliche weite Verbreitung zu schaffen, brauchten wir Summen! Namhafte Summen, die einfach noch nicht zur Verfügung stehen!"

Der Graf trank sein Glas mit einem entschlossenen Schluck aus.

„Da muß doch zu helfen sein!" sagte er. „Übermorgen bin ich wieder in Brüssel, und mein erster Weg ist zum Sekretär des Ausschusses für landwirtschaftliche Fördermaßnahmen in den Notstandsgebieten der Gemeinschaft! René hat einen Sonderfonds, und es müßte mit dem Teufel zugehen, wenn sich da nicht etwas für Sie abzweigen ließe! Meinen Sie, mit hundert wäre Ihnen vorerst geholfen?"

Tango begriff mit leichter Verzögerung, daß der rotgesichtige Politiker damit wohl hunderttausend meinte. Die Gebühr bei der kölner Mitfahrzentrale hatte sie dreizehn Mark gekostet, der Benzinkostenanteil für den Kranwagen fünfunddreißig, und jetzt hatte sie noch etwas Kleingeld im Portemonnaie.

„Oh", antwortete sie mit mühsam bewahrter Fassung, „ich denke schon. Fürs erste..."

Man bat zum Essen, und der Graf geleitete sie in den Saal des Hauses. Maria hatte die Tischordnung mit Umsicht besorgt, und so fand sich Tango neben dem Baron Poldi von der Landwirtschaftskammer. Von ihrem vorigen Gesprächspartner unterschied sich der Baron grundlegend: er war schlank, trug das verbliebene Haar straff zurückgebürstet und unter Verwendung eines einschlägigen Mittels an den aristokratischen Schädel geklebt. Mit fast altösterreichischer Grandezza rückte er ihr den Stuhl zurecht und wiederholte seine Vorstellung. Tango verstand nichts davon, denn in ihren Ohren brauste es. Zwölfjähriger Whisky vor dem Essen hat zuweilen diese Wirkung. Der Krabbencocktail ging mit leichtem Geplauder über das schöne Wetter vorüber, die Wachtelcreme brachte auch keine tiefergehenden Gedanken an die Oberfläche, und der Rehrücken hielt sie allein schon durch die Fülle der exquisiten Beilagen in Atem, so daß das Gespräch erst vor den frischen Walderdbeeren mit Halbgefrorenem richtig in Gang kommen konnte, und da kam der Landwirtschaftsbaron denn zur Sache.

„Höre, daß Gnädigste auch in unserem Metier engagiert sind?" näselte er. Tango hatte sich bei den Weinen zum Essen zurückgehalten und verspürte nun nur eine wohlige Müdigkeit, die ihren Geist indessen nicht minder wach sein ließ.

„Gewissermaßen", gab sie zu. „Ich betreue die Public Relations beim Deutschen Linsenverband. Sie werden vielleicht davon gehört haben", legte sie leichthin ihr Fangnetz aus.

„Selbstverständlich. Ein sehr maßgeblicher Verband auf seinem Gebiet mit... äh, ausgezeichneten Konnektionen, nicht wahr?" Er nahm eine Walderdbeere auf wie ein kostbares Juwel und führte sie zwischen die gespitzten Lippen.

„Was man halt so braucht."

„Unsere verehrte Gnädigste hier.. wie sie anklingen ließ, ist sie ja auch dabei..."

„Freilich. Da sie die notwendigen Informationen sozusagen aus erster Hand in der Familie bekommt!"

„Allerdings. Ich wünschte, die Leute hier im Landkreis würden sich da ein Beispiel nehmen! Aber die traditionelle Rolle des Adels als tonangebend auch in den trivialeren Dingen, beispielsweise der Wirtschaft, hat ja durch die historische Entwicklung viel von ihrer einstigen Bedeutung eingebüßt... Sie verstehen?"

Tango kicherte innerlich.

„Vielleicht könnte man mit gezielten Informationsveranstaltungen den Fortschritt in die einfacheren Verhältnisse tragen? Beispielsweise in Verantwortung der Landwirtschaftskammer, der Sie ja vorsitzen?"

Baron Poldi nahm die Anregung begeistert auf.

„Kolossale Idee, Gnädigste! Würde mich außerordentlich geehrt fühlen, wenn Sie selbst vielleicht..."

Aber Tango war satt und bereit, auch anderen etwas zu gönnen.

„Oh, nein! Da sollten wir doch von kompetenterer Seite... ein Vertreter unserer volkswirtschaftlichen Abteilung, oder Dr. Wagner selbst, unser Chef-Ideologe?"

„Einverstanden. Werde meine Bauern zu einem Ihnen genehmen Termin zusammentrommeln; Sie bekommen natürlich den großen Saal, Anreise, Spesen undsoweiter selbstverständlich zu unseren Lasten - wird uns eine Ehre sein!"

Der Mokka wurde serviert. Maria von Schnelz-Wahnfeld beugte sich von hinten zu ihnen.

„Hat's geschmeckt?" fragte sie strahlend. Tango kniff ihr ein Auge zu. Der Baron überschlug sich mit ein paar fein ziselierten Komplimenten.

„Sein's net bös, daß ich Ihnen meine Cousine entführe", sagte Maria. „Sie verstehen, ich will sie noch mit dem Schmidthuber zusammenbringen!"

„Ah, der Herr Abgeordnete! Natürlich! Wichtiger Mann!"

Tango stand auf, raffte den langen Rock des Abenddirndls und nahm Marias Arm.

„Der Schmidthuber fährt morgen mit seinem Dienstmercedes nach Bonn und wird dich mitnehmen, und wenn du's geschickt anstellst, schlägst du unterwegs etwas für deine armen Linsenbauern heraus! Er hat einen ziemlich heißen Draht ins Landwirtschaftsministerium und neulich erst etwas für meine Gewächshäuser heraus geschunden.“

„Du hast Gewächshäuser?“

"Natürlich! Meinst du, ich will meine Tomaten auf dem Wochenmarkt kaufen? Komm, ich bring’ dich zu ihm! Er mag junge Frauen!“

Tango straffte sich. Sie zog die Goldkordel an der Verschnürung des Mieders zurecht. Viel barg es nicht, aber sie war gesonnen, es bestmöglich zur Geltung zu bringen.

*

Willmuth stand vor einer blattreichen exotischen Grünpflanze und fühlte sich unwohl. Die kleine Lounge in der Außenstelle des Wirtschaftsministerium, die in Bonn verblieben war und in der die Besucher des Ministerialdirektors warten konnten, war außer ihm noch von einem agilen jungen Mann bevölkert, der es sich mit gekreuzten Beinen in einem Sessel bequem gemacht hatte und rastlos in irgendwelchen Wirtschaftsnachrichten blätterte. Dann ließ er die Zeitschrift sinken, steckte sich mit schnellen Bewegungen eine Zigarette an und stand auf.

„Läßt sich mal wieder viel Zeit heute morgen, der alte Knabe!“ stieß er hervor. Willmuth wandte sich langsam um.

„Vielleicht hat er zu tun!“ meinte er einfältig.

„Ach wo! Das gehört zum System!“ Und in einem plötzlichen Anfall von Wartezimmer-Kameradie verbeugte er sich kurz und zackig: „Gestatten - Rieselberger, Haupterzeugerverbände!“

„„Wie bitte?“

„Dr. Alfred Rieselberger vom Hauptverband der genossenschaftlichen und Großerzeugerverbände!“

„Willmuth, Deutscher Linsenverband“, sagte Willmuth widerstrebend.

„Aha?“ Rieselberger dachte kurz nach, dann brachte er aus seiner Tasche ein ledergebundenes Heftchen zutage und blätterte darin.

„Deutscher Linsenverband? Haben wir ja überhaupt noch gar nicht! Sie sind tatsächlich nicht Mitglied bei uns?"

„Ich... glaube nicht." Willmuth hatte von diesem Hauptverband noch nie gehört, nicht einmal im Seminar über Verwaltungspraxis.

„Dann sind Sie vermutlich im Gesamtkreis groß- und mittelbetrieblicher Absatzförderungsverbände, bei Herrn Dr. Massenguth?"

„Auch nicht. Soviel ich weiß."

Dr. Rieselberger zog die Stirn in Falten. So etwas war ihm noch nicht begegnet.

„So was! Ist das denn möglich? Sie, darüber sollten wir einmal reden, Herr Willmuth! Schon im Interesse einer gegenseitigen Verständigung über die Maßnahmen, die wir vor der Ausschußsitzung treffen müssen. Koordination ist da doch unheimlich wichtig, auch für Sie! Der Antrag der Gruppe Nordrhein/Südwestfalen darf auf keinen Fall durchkommen!"

„Natürlich nicht!" nickte Willmuth. Wenn sich dieser kleine Kerl so darüber aufregte, mußte es wohl ein schlechter Antrag sein.

„Nicht wahr? Das hätte un-ab-seh-bare Folgen! Sagen Sie, Dr. Willmuth, wollen Sie nicht auf unserer Seite... ich meine, auch mit unserer Unterstützung... wenn Sie noch nicht Mitglied sind, könnten wir das doch an Ort und Stelle, regeln? Wir halten die Fakten interimistisch fest, ich sage meinen Damen bescheid, und in vier Tagen haben Sie die Bestätigung Ihrer Mitgliedschaft auf dem Tisch und können an der Abstimmung teilnehmen!"

Willmuth dachte bei „Mitgliedschaft" sogleich an Mitgliedsbeiträge, und das war etwas, das er dem jungen Linsenverband auf jeden Fall ersparen wollte.

„Ich fürchte, dieser Weg ist nicht gangbar", sagte er zögernd. „Unser Verband kann aufgrund seiner Statuten nicht Mitglied gleichgearteter Gremien werden. Als das damals beschlossen wurde, drehte es sich um gesellschaftsrechtliche Detailfragen, aber die Sache ist dann unglückseligerweise ins

Gründungsprotokoll gekommen..."

Rieselberger versuchte, aus diesen mythischen Andeutungen die Vorgänge bei der Gründung des Deutschen Linsenverbands zu rekonstruieren, gab jedoch schnell auf, weil er in Gesellschaftsrecht immer gefehlt hatte, und suchte blitzschnell nach einer anderen Lösung.

„Ich hab's!"' platzte er heraus. „Wir machen es einfach andersherum! Wir werden Mitglied bei Ihnen, korporativ! Dann übernehmen Sie einfach blanco unsere Entscheidung gegen den Antrag Nordrhein/Südwestfalen, und basta?"

Willmuth wurde dieser aufgeregte Mensch allmählich lästig. Widerwillig hatte er sich am frühen Morgen mit dem Bus, der Vorgebirgsbahn und schließlich per Taxi nach Bonn begeben, um den fälligen Bittgang ins Wirtschaftsministerium hinter sich zu bringen - wenig überzeugt von einem Erfolg. Er hatte sich eine schöne Rede für den Ministerialdirektor zurechtgelegt, und jetzt brachte ihn dieser kleine Kerl völlig durcheinander!

„Einem Mitgliederzuwachs auch von Seiten anderer Verbände steht nichts im Weg", sagte er geschraubt.

„Na, also! Da haben wir's schon! Hier ist meine Karte. Sie lassen mir die Sache bestätigen, und schon ist alles in Ordnung!"

Willmuth steckte die Karte ein. Er selbst hatte noch keine. Drucker Kurt hatte mit der ersten Ausgabe des Presse- und Informationsdienstes genug zu tun und bestand neuerdings auf Bezahlung.

Die Tür zum Vorzimmer des Ministerialdirektors ging auf, die Vorzimmerdame erschien und verkündete, daß der Herr Ministerialdirektor jetzt bitten ließe. Rieselberger fuhr herum und setzte sich in Bewegung. Dann aber kehrte er zu Willmuth zurück, weil er offenbar Wichtiges vergessen hatte.

„Noch eine Frage, mein Lieber: wie hoch ist Ihr Mitgliedsbeitrag?"

Willmuth erschrak, weil er aus schönen Träumen gerissen

wurde. Auf dem Herweg hatte er sich weidlich über den öffentlichen Personen-Nahverkehr geärgert. Bei Rhein-Auto stand seit Tagen ein kleiner roter Sportwagen zum Verkauf, aus vermutlich dritter oder vierter Hand, für zweieinhalbtausend. Seitdem träumte er davon, wie er darin mit seiner aristokratischen Tango über Land knattern würde, aber noch mehr kreisten seine Gedanken um die magische Summe von zweieinhalbtausend, die er nie und nimmer mit ehrlicher Arbeit aufbringen konnte.

„Zweieinhalbtausend", antwortete er völlig geistesabwesend.

„Zweieinhalb pro Monat", atmete Rieselberger auf. „Na, das geht ja noch! Wenn wir damit den Antrag Nordrhein/Südwestfalen abschmettern können... lassen Sie uns doch gleich Ihre Kontonummer durchgeben ja?" Damit verschwand er im Vorzimmer des Ministerialdirektors. Willmuth sah ihm mit leerem Blick nach. Hatte er tatsächlich auf die Frage nach dem Mitgliedsbeitrag mit „Zweieinhalbtausend" geantwortet? Und hatte dieser Rieselberger das wirklich ohne Federlesen hingenommen? Kopfschüttelnd wandte er sich wieder der Grünpflanze zu, tippte, wie um sich der Wirklichkeit zu versichern, gegen eines der fleischigen Blätter, und es rollte sich augenblicklich zusammen. Nachdenklich ging er zum Fenster und blickte in den Hof des Ministeriums hinunter. Dort fuhr gerade eine Delegation vor, Wagentüren wurden aufgerissen, und wichtige Männer stiegen aus. Er träumte nicht...

*

Babett rührte in einem Topf auf dem zweiflammigen Kocher und sog die Dünste mißtrauisch in die kleine Stubsnase. Die Kohlrabi seien Handelsklasse A, hatte die Marktfrau versichert, aber so, wie sie jetzt rochen, schienen sie in enger Nachbarschaft zur örtlichen Kläranlage aufgewachsen zu sein. Mit dem Ellbogen stieß sie das Fenster ganz weit auf, und sie steckte sich auch eine Zigarette an. Wenn die anderen heimkamen, sollten sie nicht gleich einen aromatischen Schock erleiden. In der Pfanne brutzelte zudem ein halbes Dutzend kleiner Frikadellen.

Leise ging die Tür auf. Günter Wagner trat ein und nahm seine Brille ab und putzte die beschlagenen Gläser.

„Wie riecht es denn hier?" fragte er.

„Wie's halt im Sekretariat des Deutschen Linsenverbands riecht, wenn die Sekretärin auch noch das Essen für die gesamte Verbandsspitze kochen muß."

Die Treppenstufen draußen knarrten, und dann trat schweren Schritts und heftig atmend Willmuth ein. Krachend ließ er sich auf den Rohrsessel sinken und tupfte sich die Stirn.

„Na?" sagte Babett. „Du bist pünktlich. Gleich gibt es zu essen."

„Linsen?" fragte Willmuth ängstlich.

„Er träumt schon davon!" lachte Wagner. „Sei unbesorgt, lieber Freund! Es gibt irgendetwas anderes. Was hast du heute für den Deutschen Linsenverband getan?"

„Ich war in Bonn. Wir sind auf der Liste der förderungswürdigen Vereinigungen beim Bundesminister der Wirtschaft."

„Und wieviel kriegen wir?"

„So weit ist es noch nicht. Einstweilen stehen wir mal auf der Vorschlagsliste. Bei der nächsten Etatberatung wird dann entschieden, ob etwas auf uns entfällt, und wieviel. Das geht nach der volkswirtschaftlichen Bedeutung, aber auch nach der Mitgliederzahl."

„Oh weh!" seufzte Babett und rührte noch einmal in ihrem Topf. „Wir haben doch erst zwei!"

„Mach' dir deshalb keine' Sorgen, Babett! Im Vorzimmer des Ministerialdirektors traf ich jemanden vom Gesamtverband der mittleren Großerzeuger oder so ähnlich. Der war ganz baff, daß wir noch nicht zu seinem Verband gehören. Ich habe ihm erzählt, daß das unseren Satzungen widerspräche, aber weil er uns unbedingt dabei haben will, wegen des niederrheinischen Westfalenverbands, den er niederstimmen will, tritt sein Gesamtverband korporativ bei uns ein. Und seine Mitglieder rechnen wir dann halt als unsere Mitglieder. So einfach ist das."

Günter Wagner war bei Willmuths stark verkürzter Darstellung seiner Abenteuer nicht ganz mitgekommen.

„Was ist das für ein Verband?"

Willmuth fischte die zerknitterte Visitenkarte Dr. Rieselbergers aus der Tasche.

„Rieselberger heißt der Knabe. Sie machen irgendetwas."

"Und was springt für uns dabei heraus?"

„Zweieinhalbtausend. Monatlich. Sie müssen viele Mitglieder haben."

„Zweieinhalbtausend? D-Mark?" entsetzte sich Babett.

„Ja. Ich weiß auch nicht genau, wie das kam. Das heißt, er fragte mich etwas, und ich dachte gerade an den kleinen roten Sportwagen bei Rhein-Auto drüben, der zweieinhalbtausend kosten soll, und da ist mir die Zahl wohl so herausgerutscht."

Günter Wagner schüttelte den Kopf, sagte aber nur:

„Dann bestätige mal schnell die Aufnahme dieser Gesamterzeuger in unseren Verband, Babett! Zweieinhalbtausend können wir gerade gut brauchen. Drucker Kurt will Bares sehen!" Er blickte auf den Stapel Drucksachen, die Kurt gebracht hatte. Babett blickte in dieselbe Richtung.

„Mit Kurt habe ich schon geredet. Er nimmt das französische Luxusbett in Zahlung."

"Aber die alte Matratze steht doch bei Irmgard, die darauf ihre Zwillinge großzieht!"

„Das macht nichts. Kurt hätte sowieso keinen Platz dafür. Und Irmchen braucht das Bett wirklich."

Willmuth hatte begriffen.

„Du hast ihm also nur das Eigentum übertragen, nicht die Sache!"

„Möglich, daß man das so ausdrücken kann. Jedenfalls haben wir unser Briefpapier und den ersten Pressedienst bezahlt." Wagner betrachtete sie nachdenklich.

„Hast du mir vielleicht einen levantinischen Großvater

verschwiegen, Weib?"

„Aber nein, Günter! Ich entstamme garantiert dem Hallensischen Bürgertum, soweit es sich durch den realen Sozialismus hindurchretten konnte. Aber das Papier mußte bezahlt werden, und ich hatte nur noch zwölf Mark im Portemonnaie, und morgen ist die Brötchenrechnung fällig und der Gemüsemann. Not lehrt den Bären tanzen, mein Lieber!"

„Östliche Weisheit, zusammen mit den neuen Bundesländern vorteilhaft eingekauft!" lächelte Wagner. Auf der Treppe entstand schon wieder Lärm. Grischa Costers und Tango von Dahlen hatten sich auf der Straße getroffen; sie brachen in die kleine Wohnküche ein und füllten sie augenblicklich mit der Unrast der geschäftigen Welt. Tango warf sich auf das Sofa, das eigentlich Daddy Rethlevsen vorbehalten war.

„Unser Präsident - nicht da?" fragte sie.

„Unser Präsident hat sich auf seine Besitzungen begeben, um das Wachstum seiner Linsensprößlinge zu beobachten. Es genügt, wenn du fünf Teller deckst!"

Tango verstand und machte sich an die Arbeit.

„Übrigens habe ich vorhin mit dem Direktor des ‚Esplanade' in Mehlem gesprochen", sagte sie leichthin. „Ich traf ihn beim Cocktail des Hausfrauenverbands. Wir können das Hotel haben, fast zum Nulltarif."

Babett, die gerade das Gemüse auf die Teller verteilte, hielt erschrocken inne. Von ihrem Löffel tropfte es.

„Um Himmelswillen, Tango - erst der Linsenverband, und jetzt auch noch ein Hotel? Traust du dir das zu? Ich nicht!"

„Wir wollen das Hotel nicht kaufen, Schätzchen, sondern nur benutzen. Einen Nachmittag lang, für eine Presseveranstaltung des Deutschen Linsenverbands. Es werden viele schöne Artikel über die köstliche Linse in den Zeitschriften erscheinen, mit Nennung des ‚Esplanade'."

„Soll ich da etwa kochen?" Babett war noch lange nicht beruhigt.

„Nein. Ich habe schon einen Koch für den Tag. Der Antje ihren ehemaligen Johannes."

„Wer ist Antje, und was ist ein ehemaliger Johannes?" fragte Wagner. Tango machte eine ungeduldige Handbewegung.

„Die Antje kommt aus dem Wendland. Eine der letzten echten Wendinnen; wir waren auf dem FDJ-Internat zusammen. Sie arbeitet jetzt hier in einer der großen Diagnosefabriken in Köln. Kernspin und Röntgen und Tomographie. Und sie war eine Zeitlang mit Johannes liiert, einem begnadeten Koch, der ein eigenes Restaurant aufgemacht hat. Daher kenne ich ihn. Montags hat er zu, da kann er für uns kochen. Wachteln auf Linsenmus, Linsencreme mit Artischocken und Linsen surprise und sowas."

„Und wen laden wir ein?"

„Vor allem mal die Fachpresse. „Iß mit!" und „Tisch und Teller" und die „Großküchen-Revue". Außerdem ein paar schicke Frauenzeitschriften. Ein kleiner, aber erlesener Kreis. Wir werden von uns reden machen!"

„Das wird Geld kosten!"

Grischa Costers hatte die Post durchgesehen.

„Wir werden Geld haben, meine Lieben! Aus Tangos frischen EG - Beziehungen scheint etwas zu werden. Hier ist ein Fragebogen aus Brüssel gekommen, achtfache Ausfertigung in fünf Sprachen, betreffend unsere Förderungswürdigkeit. Ich denke, wir trinken den restlichen Rotwein und füllen ihn aus, als eine Art Gesellschaftsspiel."

„Was hat der Briefträger sonst noch Schönes gebracht?"

Grischa hob einen Scheck mit spitzen Fingern hoch. „Unser Mitglied aus der schönen Eifel hat zwei Blaue gespendet!"

„Wer?"

„Onkel Helmut."

„Nicht zu glauben!"

Willmuth räusperte sich.

„Wenn Onkel Helmut freiwillig Geld absondert, holt er dadurch anderswo mindestens das Doppelte heraus!"

„Ich denke, er bedankt sich damit für die schöne Plakette, die ich ihm fürs Hoftor habe machen lassen", sagte Tango. „Darauf war er ja ganz scharf, und jetzt kann er die anderen Dorfbewohner damit ärgern. Das ist ihm sicher zwei Hunderter wert!"

„Na, schön. Verbuche die Summe unter „Außerordentliche Zuwendungen dankbarer Mitglieder", Babett! Hier ist noch etwas. Ein Schreiben der Landwirtschaftskammer des Unteren Bayerischen Waldes. Das geht dich an, Tango!"

Sie legte den Löffel hin und überflog den Brief des Barons Poldi.

„Der Termin ist perfekt. Nächsten Donnerstag. Der Baron fragt, ob der Referent in Begleitung kommt. Wer fährt denn nun überhaupt?"

Alle blickten sich an, dann richteten sich die Blicke auf Willmuth, den Leiter der Volkswirtschaftlichen Abteilung.

„In der Tat hatte ich dich ausersehen, mein Schatz!" bestätigte Tango. „Da gibt es ausgezeichnet zu essen, und ein paar Tage Urlaub würden dir guttun!"

Willmuth blieb der Eintopf schier im Hals stecken.

„Ich soll im Bayerischen Wald predigen?" entsetzte er sich. "Man wird dich mit Blumenketten willkommen heißen!"

„Ich tippe eher auf die einheimischen Gebirgsschnäpse und Biersorten", grinste Günter Wagner. Willmuth hob abwehrend die Hand.

„Nee, laßt mich aus dem Spiel! Lieber fahre ich noch einmal nach Bonn und ziehe uns einen weiteren Großerzeugerdachverband an Land!" Tango nahm ihren Löffel auf.

„Wir können Baron Poldi nicht enttäuschen. Wenn Willmuth wirklich nicht will, muß Günter fahren." Sie hielt inne, weil ihr ein faszinierender Gedanke gekommen war. „Und Babett fährt mit, und bei der Gelegenheit könnt ihr gleich in Marias Schloßkapelle heiraten! Zeit dafür wird's eh, wenn ich mir Babett so betrachte!"

Jetzt fuhr Günter Wagner erschrocken zusammen.

„Heiraten?"

„Natürlich. Als Chefideologe des Deutschen Linsenverbands kannst du dir kein morganatisches Verhältnis leisten. Das mußt du einsehen! Man predigt hier im Westen zwar den freien

Sex, aber die Folgen werden nach wie vor in feste Bindungen eingewickelt, wenigstens im Licht der Öffentlichkeit. Ich rufe die Maria an, sie wird mit dem Pfarrer sprechen und die Schloßkapelle ausfegen lassen, die Mädchen aus dem Dorf können Blumen streuen..."

Wagner blickte seine Babett an. Die war ein bißchen rot geworden.

„Also, ich würd' schon mitmachen!" sagte sie leise. Wagner streckte die Hand aus und nahm sie in den Arm. Da er dabei noch immer den Löffel hielt, tropfte es auf den PVC-Boden mit Textilstruktur.

„Entschuldige, daß ich noch nicht darauf gekommen bin!" sagte er. „Es lief alles so gut mit uns, daß ich instinktmäßig gar keine Veränderung wollte. Aber es ist natürlich besser, wenn der Jacob ein echter Wagner wird, schon mit Rücksicht auf die Öffentlichkeit, wie Tango ganz richtig gesagt hat."

„Na, siehst du! Worüber willst du übrigens sprechen?"

„Sprechen? Bei der Trauung?"

"Da wird dir Hochwürden schon das Nötige sagen. Ich meine bei der Veranstaltung des Barons Poldi! Man erwartet Großes von dir, Richtungweisendes!"

Wagner löste sich von der werdenden Mutter und griff ins Regal, wo er seine Schriften zum Linsenthema abgelegt hatte.

„Hier - das wäre etwas: „Der Linsenanbau als Beitrag zur agrarischen Gewinnmaximierung"! Das reizt doch!"

„Wenn du daraus etwas leichter Verständliches machst! Etwa „Reich und glücklich als Linsenbauer". Ich höre schon den anschwellenden Applaus."

Willmuth räusperte sich.

„Ich hab' auch noch was! Wer folgt denn der Einladung zum Round table-Gespräch der Importvereinigung Hülsenfrüchte und Getreidehalbfertigerzeugnisse? Die hab' ich gekriegt, wahrscheinlich auf Betreiben dieses verdammten Dr. Rieselberger!"

„Dann mußt du auch hingehen!" nickte Babett. „Ich jedenfalls kann das nicht, denn ich muß morgen in den Waschsalon und dann das Sekretariat des Deutschen Linsenverbands managen. Eigentlich wäre Grischa mal dran!"

Grischa Costers griff nach der Einladung.

„Das ist doch Konkurrenz? Importe - wenn ich das schon lese! Wo wir doch den heimischen Linsenanbau auf unsere Fahne geschrieben haben! Aber vielleicht kann man sich mit den Leuten arrangieren. Kann ich unseren dunklen Anzug haben?"

„Natürlich", nickte Wagner. „Nimm unsere blaue Krawatte mit den weißen Punkten dazu. Dann siehst du zwar aus wie ein Bonvivant, aber das kann bei einem so nahrhaften Verband wie dem Unseren nicht schaden."

„Und ich schenke dir ein bißchen Haarfestiger, damit du nicht so dämonisch wirkst", schloß Tango von Dahlen die Diskussion. „Gehen wir an den achtsprachigen Fragebogen der Brüsseler Wohltäter? Laßt das Geschirr ruhig stehen; ich bekomme sicher noch einmal Hunger!"

Babett räumte mit rationellen Bewegungen den Tisch ab.

„Es ist aber nichts mehr da", sagte sie schlicht.

*

Das Round-table-Gespräch war vorüber. Grischa Costers, der so etwas zum erstenmal erlebte, hatte sich vorsorglich einen Platz in der letzten Reihe gesucht und war denn auch prompt bei den ersten Ausführungen der Herren auf der Bühne entschlummert. Er erwachte vom Beifall, der in erster Linie dem Ende der Diskussion und zweitens der Ankündigung galt, daß nebenan ein kleiner Imbiß vorbereitet sei.

Offensichtlich hatten die meisten Teilnehmer seit einem kargen Frühstück nichts mehr zu essen bekommen, denn sie drängten unter Wahrung des nötigsten Anstands zu den Türen. Grischas Verdacht, daß der kleine Imbiß auf einem viele Meter langen Buffet angerichtet war, erfüllte sich in der glücklichsten Weise. Er reihte sich in die Schlange der Hungerleider ein, wählte ein Stückchen Geflügelbrust und ein Medaillon in Aspik und ein paar Löffelchen exotisch wirkender Salate, vergaß die Butter nicht und nicht das französische Weißbrot und nahm an einem Tisch Platz, wo es sich schon ein Dicker mit vorgebundener Serviette schmecken ließ.

„Bernauer ist ziemlich scharf rangegangen, nicht wahr?" eröffnete der sogleich das Gespräch und zerschnitt ein Roastbeefröllchen mit Spargel in kleine Happen...

„Freilich, freilich!" stimmte Costers zu. „Ich finde, es mußte aber auch einmal gesagt werden!"

„Sie sind von der Presse?"

Grischa wies den Verdacht weit von sich.

„Nein, nein. Costers vom Deutschen Linsenverband."

„Aha? Gödecke, Prummendahl und Co. in Hagen. Linsenverband also? Sehr interessant. Gehe ich recht in der Annahme, daß Sie vor allem agrarisch orientiert sind?" Er winkte dem Kellner und wies auf sein Weinglas, das leider schon leer war.

„Richtig. Wir sind ein noch junger Zusammenschluß auf der Erzeugerebene ."

„Deshalb sind wir uns noch nicht begegnet! Wir stehen ja dann gewissermaßen auf der anderen Seite des Marktes. Nun, ja - glücklicherweise gibt es bei uns ja nicht die Positionskämpfe, wie sie bei den Butterleuten das Klima vergiften oder das Käsegeschäft zu einem fast schon tödlichen Risiko machen!"

Grischa sah ein nettes, kleines Käselädchen vor sich, aus dem die bewußtlosen Opfer auf Bahren herausgetragen wurden.

„A propos Käse - nehmen wir noch etwas davon zum Rotwein?"

Gödecke stand auf und ging zum Buffet. Grischa folgte ihm etwas konsterniert. Er hatte gelernt, daß man Rotwein zum Käse nimmt, und nicht umgekehrt, aber der Dicke schien andere Prioritäten zu setzen.

„Wie hoch schätzen Sie den Marktanteil Ihrer Leute?" fragte Gödecke und nahm sich ein Stück Gruyere und etwas Emmentaler und wegen der Gesundheit ein Kügelchen violett gefärbten Quark.

„Minimal", beruhigte ihn Grischa. „Aber wir werden ihn in den nächsten Jahren steigern. Ich rechne mit zweistelligen Zuwachsraten."

„Wie das?" wunderte sich der Dicke und machte dem Kellner ein unmißverständliches Zeichen, daß es jetzt Zeit für den Roten sei. Sie kehrten an den Tisch zurück; Costers, der sich mit den Buffet-Sitten seiner neuen Heimat noch nicht recht auskannte, hatte lediglich drei Käsewürfelchen mit daraufgespießten Oliven genommen.

„Die Linse ist die ideale Pflanze für Rekultivierungsmaßnahmen und optimal geeignet, den akuten wie auch den Spätfolgen des sauren Regens entgegenzuwirken. Wir stehen am Anfang einer Beweiskette, daß Linsen als Bodendecker in geschädigten Mischwaldkulturen hervorragende Ergebnisse bringen. Ein erster Großversuch in der Eifel läuft bereits und dürfte schon in der kommenden Saison Zahlen auf den Tisch bringen, an denen die Fachwelt nicht vorbeigehen kann."

Gödecke saß da mit offenem Mund.

„Ah... so ist das! Da arbeiten Sie natürlich auf einer aktuellen Schiene! Auch für uns als Importeure nicht uninteressant, wenn Sie quasi als Nebenprodukt so beträchtliche Ernteerträge auf den Markt werfen! Ich glaube, ich gönne mir noch ein wenig Dessert! Die Erdbeeren mit Mousse Vanille und Sahne sehen nicht übel aus!" Er entwandelte abermals zum Buffet und kam mit einem fast schon unanständig vollen Teller zurück. Schwer atmend setzte er sich.

„Könnte mir gut vorstellen, daß sich einige Leute sehr für Ihre Arbeit interessieren, mein Lieber! Ist man da schon an Sie herangetreten... ich meine, Gedankenaustausch, Information auf kollegialer Ebene und so?"

„Ich glaube, wir stehen weithin in der aktuellen Diskussion. Ich verrate Ihnen kein Geheimnis, wenn ich Ihnen sage, daß der Hauptverband der genossenschaftlichen und Erzeugergroßverbände schon bei uns korporatives Mitglied ist. Da sind wir offen nach allen Seiten! Auch zum Handel und zum Import selbstverständlich."

„Tatsächlich? Ich denke, da sollten wir ebenfalls beitreten, wenn Rieselberger schon... man interessiert sich doch ständig für neue Entwicklungen und möchte die Informationen gern aus erster Hand, nicht wahr? Und wenn ich weiter überlege, dann sind sicherlich nicht nur Prummendahl & Co. in der Hinsicht gefragt, sondern auch viele meiner Kollegen. Ich werde gleich morgen mal ein bißchen herumtelefonieren, und vielleicht treffe ich den einen oder anderen nachher noch an der Bar. Ihre Mitglieder haben doch direktes Stimmrecht in der Hauptversammlung?" ließ er die Katze endlich ganz aus dem Sack. Costers konnte gerade noch einen Lachanfall unterdrücken.

„Die Grundzüge unserer Verbandspolitik sind der direkte Ausfluß der Willensbildung unserer Mitglieder, ohne Ansehen ihrer differenten Position im Marktgeschehen", sagte er, und das ging ihm auch noch glatt und glaubwürdig von den Lippen. Gödecke ließ den Satz lange in sich nachhallen. Dann nickte er.

„Wenn das so ist, dann bin ich fast sicher, daß nicht nur viele meiner Kollegen, sondern auch unsere Verbandsspitze Mitglied bei Ihnen wird. Genügen da einfache Beitrittserklärungen?"

„Selbstverständlich. Unser Sekretariat bestätigt postwendend und gibt die Kontonummer an."

„Der Mitgliedsbeitrag hält sich wohl im üblichen Rahmen?"

„Natürlich. Einschließlich Förderungsbeitrag und Mitgliederanteil an den Forschungsmitteln, die ja ebenfalls voll absetzbar sind, zweieinhalb im Monat."

Gödecke nickte zufrieden. Wenn er und seine Kollegen dafür ein Mitspracherecht im Linsenverband bekamen, war das mit der linken Hand zu bezahlen. "Wundern Sie sich nicht, wenn demnächst eine Welle von Beitrittserklärungen auf Sie zukommt!" lächelte er wie ein satter Faun. Die Weichen waren gestellt, daß irgendwelche deutschen Linsenbauern ihnen nicht das Importgeschäft verderben würden. Er stand auf.

„Wir sehen uns ja dann vermutlich am Dienstag bei Rieselberger im außenwirtschaftlichen Verrechnungsausschuß! War mir ein Vergnügen, mein Lieber!" Er strebte breitbeinig zum Ausgang, jovial nach allen Seiten grüßend und nickend.

Der Kellner nahte mit einem Tablett. Grischa nahm an, daß es der konventionelle Mokka sei, wie er es einmal gelernt hatte. Aber hier war man mit der Zeit und der Mode gegangen und bot Espresso. Er nahm ihn und trank mit Behagen.

„So geht das also!" murmelte er und schmunzelte. „Man müßte herausbekommen, wer in dieser vielfältig verflochtenen Interessenwirtschaft sonst noch Angst vor Onkel Helmut und Tangos Cousine im Bayerischen Wald hat!"

*

„Einigermaßen feudal sieht der Laden ja aus!" sagte Grischa Costers und blickte sich in der Halle des ‚Esplanade' um. Klassische Pracht, noch nicht zu sehr abgewohnt, fast gemütlich. Tango zuckte mit den Schultern; sie war dergleichen gewohnt, seit sie sich an den Hecken der Diplomatie und der Bonner Society ernährte.

„Die erste naht!" sagte sie ein bißchen mokant. Die Tür ging auf, und ein weibliches Wesen unbestimmbaren Alters kam hereingewallt. Sie schien in einige große schwarze Foulards gewickelt und war mit einer Menge schwarzen Hornschmucks dekoriert - Ketten, Spangen, Armreifen. Tango ging auf sie zu, begrüßte sie und stellte sich vor. Die Dame wedelte sich mit der gedruckten Einladung Luft zu.

„Melanie Treuenstein, von "Tisch & Teller"" trompete sie. „Hier tagt der Linsenverband?"

Auch Grischa trat auf sie zu.

„Gestatten, Costers. Tagen wollen wir eigentlich nicht. Wir haben mehr eine intime kulinarische Zusammenkunft im Auge, und ich freue mich, daß Sie kommen konnten!" Er zeigte seine großen, tadellosen Zähne und verbeugte sich. Melanie Treuenstein betrachtete ihn interessiert.

„Aha? Na, ich hab' mich von den Volks- und Raiffeisenbanken losgerissen und bin hierher gewetzt. Ist ja mal was neues."

Der Aushilfskellner, den sie engagiert hatten, begann zu funktionieren. Er war plötzlich da, balancierte ein Tablett mit Sekt und Sekt mit Orangensaft und Orangensaft, ohne daß man einen Korken hätte knallen hören. Melanie Treuenstein riß ein Glas an sich. Im Nacken spürte Grischa einen kühlen Luftzug; Tango begrüßte hinter ihm gerade ein dralles, überaus frisch wirkendes Landmädchen im grünen Lodenkostüm, das die Redaktion von ‚Die gedeckte Tafel' repräsentierte. Wenig später hatte auch er sie vor sich und bekam einen Händedruck, der ihm beinahe die Tränen in die Augen trieb.

Die Gäste begannen zu strömen. Eine aber auch schon sehr ältere Dame in außerordentlich lebhaften, um nicht zu sagen grellen Farben fiel einer jüngeren Couture-Schönheit um den Hals, die ihren Rocksaum etwas nachschleppte.

„Wo haben wir uns das letztemal gesehen, Schätzchen? In Djerba bei den Contactlinsen, oder in Monte bei der Modenschau von der verrückten Dingsda?" Die Damen küßten sich verbissen, ohne die Frage zu klären. Zwei andere Vertreterinnen der öffentlichen Meinung, soweit sie sich auf Essen und Trinken bezog, stürzten ihren Sekt herunter und fuhren in einer Diskussion über Salmonellen fort, die sie wohl gerade irgendwo anders unterbrochen hatten.

„Wir sind komplett", raunte Tango von Dahlen Grischa ins Ohr. „Bis auf Felicitas Meier von der ‚Großküchen-Rundschau' und Fritzheinz Komitschek, aber die kommen immer zu spät; Ich treibe die Bande in den Salon, und du hältst deine charmante Einführungsrede. Johannes hat soeben signalisiert, daß er fast fertig ist."

„Wer ist Johannes?"

„Unser Viersterne-Koch, du Schaf!" Tango wollte sich schon abwenden, als abermals die Tür aufging und ein beleibter Herr im Hahnentrittsakko und schwarzer Hose hereinstolzierte. An seinem Arm trippelte eine feingliedrige alte Dame, warf einen scheuen Blick um sich und fragte vernehmlich: „Wohin hast du mich denn jetzt verschleppt, Fritzheinz?"

„Was für ein Phänomen ist das?" fragte Grischa seine Beauftragte für die Pressearbeit etwas hilflos.

„Fritzheinz Komischek", raunte sie. „Wenn es in der Republik irgendwo um Fresserei geht, gibt es im Grunde nur Fritzheinz Komischek. Er produziert laufend Kochbücher edelster Art, hat mehrere Kolumnen laufen, anspruchsvoll für die alten und ein wenig nachsichtig für die neuen Bundesländer, und macht auch eine küchenkritische Sendung für einen privaten TV-Sender."

„Aber das ist nicht seine Gemahlin, die er am Arm trägt?"

„Psst! Das ist Tantchen. Komischek zeigt sich nie ohne seine Tante. Es heißt, daß er sich nicht einmal ein Ei kochen kann."

„Aber Tantchen kann?"

Tango warf ihrem Geschäftsführer einen verschwörerischen Blick zu und enteilte, die Beiden zu begrüßen. Geschickt leitete sie dann zum Aufbruch in den Salon über.

„Bitte, nehmen Sie doch Platz! Ganz zwanglos..." bat Tango. Dann trat Grischa Costers an den Kopf der Tafel.

„Meine sehr verehrten Damen, lieber Herr Komischek", begann er und ließ die Augen umhergehen, während er weltmännisch und mit gespieltem Understatement seine Begrüßung herunterperlen ließ. Die faktenreichen wirtschaftspolitischen Ausführungen hatte er in Pressemappen ausgelegt, so daß er seinen Charme ungehemmt entfalten konnte. „Ich verneige mich, wenn das kühne Bild erlaubt ist, vor Ihrer kritischen Zunge, meine verehrten Gäste; ich hoffe, Ihrem kenntnisreichen Gaumen doch noch etwas Neues bieten zu können, und wünsche guten Appetit!"

Spärlicher, aber anerkennender Applaus. Wer auf ein Linsenconsommé Lady Curzon wartet, läßt sich ungern auf längere Kundgebungen ein. Die Suppe wurde serviert, dazu gab es Sherry. Antjes Johannes schien in dieser Beziehung furchtlos zu sein. Nur Fritzheinz Komischek verlangte nach einem Bier und bekam es. Die Löffel klirrten leise in den Tassen. Tango hatte den Eindruck, daß dieses Süppchen eßbar war.

Als zweiter Gang kamen Wachteln auf Linsenmus mit Artischockenböden auf den Tisch. Da der arglistige Küchenzauberer die Vinaigrette mit Retsina bereitet hatte, hob sich manche Augenbraue erstaunt und achtungsvoll. Hier und da ließ sich zustimmendes Gemurmel vernehmen. Die Teller wurden sehr schnell leer. Grischa erhob sich wieder.

„An dieser Stelle, meine verehrten Gäste, könnten Sie bei einem der üblichen Menus ein Sorbet erwarten, das dem empfindsamen Gaumen eine Pause, eine Erfrischung bietet. Wir sind davon abgewichen und möchten Ihnen eine kleine Köstlichkeit bieten, die Sie vermutlich alle noch nicht kennen. Aus den deutschen Haupt-Anbaugebieten der Linse haben wir Ihnen den ‚Hocharber' einfliegen lassen. Ich verrate noch nicht, was es ist - kosten Sie!"

An dieser Überraschung war auch der Johannes schuld. Auf der Suche nach etwas Abnormem hatte er hochprozentigen klaren Schnaps in die Hände bekommen, ihn auf Tannenspitzen, Wacholderbeeren und Baumharz angesetzt, und was dabei herausgekommen war, wurde still und geschmeidig in nicht ganz kleinen Gläsern eiskalt serviert.

„Auf die... nun, Sie erlauben: auf die Linse!" Grischa kippte den Schnaps. Die anderen taten es ihm nach, nur Tantchen nippte vorsichtig. Einige schluckten schwer, anderen stieg eine feine Röte ins Antlitz, und Melanie Treuenstein atmete hörbar aus, als sie das Glas hochbefriedigt absetzte.

Fritzheinz Komischek mußte den Schock erst verdauen. Dann beugte er sich vor.

„Das ist ja eine ganz tolle Sache, lieber Herr Costers! Kann ich wohl noch einen bekommen? Ich bin mir noch nicht ganz klar..."

Grischa winkte ein zweites Glas für den berühmten Feinschmecker herbei. Dieses trank Komischek langsam und genüßlich.

„Erinnert mich an den Quoatzcoaxtl. Ein sehr belebender Klarer, der in den Anden viel getrunken wird. Aber er hat auch Anklänge an den Tschwosch, im südlichen Astrachan. Sehr exquisit!"

Der dritte Gang, der nun schon in gelösterer Atmosphäre aufgetischt wurde, stellte den absoluten Höhepunkt des Menus dar. Johannes hatte Gamssteaks mit getrüffeltem Linsenparfait farciert; der Sauce gaben neben der unausweichlichen Sahne vor allem Veilchenwurzel und Rosenöl das dezente Aroma, dazu gab es in dankbarer Erinnerung an die Nouvelle Cuisine eine zarte Karotte an je drei grünen Bohnen, umwickelt mit hauchfein geschnittenen Scheiben von Dachszunge und dann noch eine halbe Yamswurzel mit schwarzem Pfeffer. Fritzheinz Komischek stutzte, probierte noch einmal und machte andächtige Augen. Auch die Damen verstummten für eine Weile. Sie nahmen ihre Menukarten, tauschten flüsternd ihre Eindrücke aus und speisten mit spitzer Gabel diese unerhörten Köstlichkeiten. Über der Tafel lag auf einmal eine Weihe, wie sie selbst altgediente Serviettenprofis nur selten erleben.

„Ex-zep-tio-nell!" urteilte Fritzheinz Komischek endlich und legte Messer und Gabel nieder. Die Damen taten es ihm gleich und äußerten sich mehr auf Jet-Set-Manier, und als alle endlich ihre Kennerschaft bewiesen hatten, tat Tantchen den Mund auf und sagte: „Endlich mal was Neues, wie?"

Sie bekam den Applaus, der eigentlich dem Johannes gebührt hätte. Der Kellner servierte die letzte Creation: ein schockfarbenes Sorbet aus Linsensaft, Zitrone und Sellerie, über mit Zucker gepuderten Printeneiswürfeln angerichtet und mit zarten Linsenzweiglein verziert.

Tango verschwand für einen Moment in der Küche, um Johannes die fälligen Komplimente zu machen. Als sie in den Salon zurückkehrte, entzündete Fritzheinz Komischek gerade eine schwarze Zigarre aus den Beständen des Hauses, und Melanie Treuenstein kam ihr entgegen.

„Ich muß mich ganz, ganz herzlich bei Ihnen bedanken, meine Liebe!" sagte sie mit der Zigarette im Mund. „Wissen Sie, mich hat man im Heim für schwer erziehbare Mädchen mit dem Zeug großgezogen. Aber heute haben mir Linsen zum erstenmal geschmeckt!"

Auch ‚Großküche & Gemeinschaftsverpflegung' mußte gehen. Sie umarmte Tango, küßte sie feucht auf beide Wangen und sagte: „Eine Offenbarung, Schätzchen! Ich habe ja gar nicht gewußt, was man aus brasilianischen Bohnen alles machen kann!"

„Linsen!" lächelte Tango mit eiserner Beherrschung.

„Linsen? Ach, natürlich! Wie kam ich auf brasilianische Bohnen? Es hat alles hervorragend gemundet! Ich mach' daraus mindestens eine Seite! Tschauchen!"

*

Günter Wagner half Babett aus dem Führerhaus des aluminiumglänzenden Milchwagens, der sie das letzte Stück bis zu Maria von Schnelz-Wahnfelds Schloßgut Leidenau mitgenommen hatte.

„Da sind wir endlich! Jetzt brauchen wir nur noch schnell zu heiraten, und dann kann ich meine Rede halten!" sagte er, stieg die steinerne Freitreppe hinauf und läutete. Nach einiger Zeit wurde ein Türflügel zaghaft geöffnet, und ein rotgesichtiges dickes Mädchen schaute heraus.

„Dr. Wagner! Wir sind angemeldet!" Manchmal benutzte Wagner seinen Titel, wenn er meinte, das richtige Gegenüber dafür zu haben.

„Mei!" Sie gab die Tür frei und machte eine einladende Handbewegung ins Innere des Hauses. „Kommen's herein! Die gnädige Frau ist gerade bei der Resi. Die bekommt nämlich ein Kalb! Aber ich werd' schauen..."

„Ich hoffe, die Resi ist eine Kuh!" murmelte Günter, stellte die Koffer ab und betrachtete die düsteren Ahnenportraits an den hohen Wänden. Babett tupfte ihm mit dem Finger auf den Arm.

„Du", sagte sie leise, „war das unser letzter Zehnmarkschein, den du dem Milchmann gegeben hast?"

„Hm", machte Günter.

„Wie wollen wir dann wieder heimkommen?" zagte sie. Günter Wagner hatte sich schon dieselbe Frage gestellt, als sie die überraschend hohe Zeche im Restaurant des Nürnberger Bahnhofs beglichen hatten. „Gott wird geben!" fertigte er Babett kurz ab, und da erschien auch schon Maria von Schnelz-Wahnfeld, gab Babett einen Kuß und schüttelte Günter lange und herzlich die Hand.

„Das sind also unsere Hochzeiter!" strahlte sie. „Ihr müßt entschuldigen, ich hatte im Stall zu tun. Ziemlich komplizierte Querlage, aber's Kaibi ist gesund, und die Resi auch. Hoffentlich geht's bei euch auch amal so gut!" sagte sie ungeniert. Babett schluckte.

„Wenn nicht, kommen wir zu Ihnen!" antwortete Günter, aber das focht die resche Herrin über Leidenau nicht an.

„Hab' ich alles schon gemacht! Kommt essen! Macht's was, wenn wir in die Küche gehen?" Sie wurden in die alte Schloßküche geführt, in der tatsächlich noch kupferne Gerätschaften an der Wand hingen und ein verläßlich wirkender großer Tisch mit allen bäuerlichen Kostbarkeiten gedeckt war, die man sonst nur noch auf Stilleben der Fernsehwerbung findet.

„Also, mit der Hochzeit morgen ist alles geregelt. Pater Korbinian kommt um elf, und um zwölf können wir das Hochzeitsmahl einnehmen." Sie blickte versonnen auf Babetts schmucklose Hand. „Standesamtlich ist doch alles in Ordnung?" fragte sie, leicht beunruhigt.

„Standesamtlich? Eigentlich nicht. Heiraten wollen wir doch erst hier!" gab Günter Wagner verwirrt zu.

„Ja - sowas!" Maria von Schnelz-Wahnfeld warf es beinahe vom Stuhl. Aber sie faßte sich schnell. „Dann war das ein Mißverständnis. Muß halt der Pepi her! Gleich um zehn morgen früh!"

„Wer ist denn der Pepi, und was soll er machen? Ich habe gehört, daß man vor einer Hochzeit erst ein paar Wochen in einem Schaukasten aushängen muß!"

„Ach, was! Der Pepi ist der Bürgermeister und Gemeinde-
schreiber und Standesbeamte und außerdem mein Pächter.
Ihr kriegt schnell einen zweiten Wohnsitz hier angemeldet,
das Aufgebot wird zurückdatiert, und dann kann er euch trau-
en, ehe der Pater Korbinian kommt. Überhaupt - wir machen
hier nicht viele Umstände, wenn's pressiert, und Trauungen
sind hier fast immer eilig. Die Leut' sollen sich nicht so anstellen mit ihrem Papierkram; mein Urgroßvater hatte noch
die niedere Gerichtsbarkeit und hat die Schuldner an den Pran-
ger gestellt!" Damit war diese Frage für Maria erledigt.
„Nehmt noch etwas von den Krapfen! Morgen wird's anstren-
gend! Ja - und am Abend noch die Red'! Geht das überhaupt?
Der Poldi hat den Termin recht blöd gelegt, aber sonst bekommt er nicht die Halle, weil heute abend dort die
Oberkrainer musizieren, und übermorgen wird schon umge-
räumt wegen der Rassekaninchen-Ausstellung. Das ist euch
doch recht?"

Günter und Babett hatten grundsätzlich nichts gegen
Oberkrainer, wer oder was das auch immer sein mochte, und
noch weniger gegen Rassekaninchen, und sagten das auch.

„Werden denn überhaupt viele Leute zu meinem Vortrag
kommen?" sorgte sich Wagner.

„Sie werden müssen. Der Poldi hat das so gemacht, daß in
der Pause die Verrechnungsgutscheine für die Milch-
kontingente und nach der Veranstaltung die Diesel-Rücker-
stattungen ausgegeben werden. Das kann sich keiner entgehen lassen."

Wagner und Babett blickten sich an. Sie hatten bisher geglaubt, aus einem Teil des ehemaligen Reiches zu kommen,
wo die Schlitzohrigkeit in der Not der letzten Jahrzehnte zu
einsamer Höhe kultiviert worden war. Allmählich stellten sie
fest, daß man damit auch in den alten Bundesländern keineswegs hinterm Berge war. Wagner beschloß, einige Passagen
seines Vortrags entsprechend zu ändern... die Milch- und
Dieselbauern schienen ihm ein Anrecht darauf zu haben.

*

„Wie war ich?" fragte Günter Wagner und strich sich über die Stirn. Der Saal leerte sich allmählich. Babett strahlte.
„Großartig! Schon deine einleitenden Bemerkungen zur europäischen Landwirtschaftspolitik haben dir die Herzen im Sturm erobert!"
„Tatsächlich?" Er betrachtete sinnend seinen neuen Trauring. Ein motorisierter Bote hatte die Ringe noch in letzter Minute aus der Kreisstadt geholt. Auf Kosten Marias, die dem jungen Paar alles Gute nicht nur wünschte, sondern es damit zu überschütten bereit schien. Baron Poldi trat zu ihnen. Gewohnheitsmäßig verbeugte er sich vor Babett und strahlte Günter Wagner an.
„Exzellent, lieber Doktor! Ein eindrucksvoller Vortrag! Gratuliere! Darf ich mir erlauben, Sie zu einem abschließenden kleinen Essen zu bitten? Einige Herren der Kammer und der heimischen Wirtschaft... bitte, hier entlang!"
An einem großen Tisch im Bräustübl hatten sich die Honoratioren versammelt. Die Ehrenplätze waren für den Baron und seine Gäste freigehalten worden.
„Meine Herren", sagte Poldi, „Sie haben Dr. Wagner heute abend kennengelernt. Seine bezaubernde Gattin..." Er verschwieg taktvollerweise die erst vor wenigen Stunden geschlossene Ehe, da Babetts gesegnete Umstände nun wirklich nicht mehr zu übersehen waren, und stellte die Herren einzeln vor. Neben Günter saß der örtliche Spar- und Darlehnskassendirektor, der ihn sogleich höchst engagiert ins Gespräch zog.
„Sie sind der Leiter der volkswirtschaftlichen Abteilung, mein Lieber?" begann er jovial. Wagner erschrak. Volkswirtschaft war ihm schon immer eine höchst verdächtige Wissenschaft gewesen.
„Nein", antwortete er. „Ich bin einer der Geschäftsführer unseres Verbandes. Herr Willmuth, unser Volkswirtschaft-

ler, war leider unabkömmlich, weil er bei einer Tagung des Eppenhofer Kreises sprechen mußte." Eppenhofer Kreis, dachte er, hört sich gut an. Muß irgendwo zwischen Suchtkrankenfürsorge und antifaschistischem Widerstand angesiedelt sein. Falls es so etwas hier im Westen überhaupt noch gab. Den Spar- und Darlehnsmenschen beeindruckte es sehr.

„Trotzdem!" sagte er und umschloß seinen Bierhumpen mit beiden Händen, „sehr klare und verständliche Ausführungen! Ich überlege, ob wir den Bauern hier nicht Kredite zur Vorfinanzierung des Linsenanbaues bieten sollen. Damit müßte ein Geschäft zu machen sein!"

Wagner erschrak. Er war kein Landwirt und kam genau genommen nicht einmal mit dem Ziergras auf dem Fensterbrett seines geisteswissenschaftlichen Instituts zurecht. Aber wie er diesen Teil des Bayerischen Waldes einschätzte, würde hier nicht eine einzige Linse dem Tag entgegenreifen, an dem die Rückzahlung von Krediten an die Spar- und Darlehnskasse fällig wurde.

„Das ist ganz sicher eine aussichtsreiche Sache", ging er deshalb dialektisch darauf ein.. „Ich könnte mir lebhaft vorstellen, daß Sie damit auch eine noch größere Kundenbindung an Ihre Bank erreichen könnten. In Berlin laufen, wie ich höre, ähnliche Überlegungen, allerdings auf breiterer Ebene. Dr. Scheffeltanz vom Sparkassen- und Giroverband deutete neulich so etwas an."

Die wässrigen Augen des Direktors wurden groß und froh.

„No - was sag i? „

„Lediglich die Risikostreuung... das leidige Kapitel, nicht wahr?" tastete sich Wagner an seine eigentliche Absicht heran.

„Ach, was! Das Zeug wird schon wachsen! Und wenn nicht, wird gedüngt !"

Wagner fühlte einen Schauer über seinen Rücken rieseln.

„Warten Sie doch einfach noch ein bißchen mit dem Kreditangebot! Frau Schnelz-Wahnfeld auf Leidenau probiert gerade den Linsenanbau in einem Großversuch aus. Je nach Ergebnis sind Sie dann völlig abgesichert!"

Der Direktor ließ die Worte in sich nachhallen. Absicherung war ihm stets willkommen. Er hob den Humpen und trank ihn in langen Zügen leer, rief „Hanni!" und nickte und sagte: „Werd' ich machen! Aber wenn die ersten Säck' Linsen bei der Baywa stehen, geht's los damit!"

Günter Wagner horchte zu Babett hinüber. Sie war offensichtlich in die Gewalt einer stämmigen Weibsperson geraten, die auf sie einredete.

„...einen Dammriß, der mit zwölf Stichen genäht werden mußte!" hörte Wagner sie sagen. „Und dann hat sie drei Wochen gelegen, und das Kind hat sie überhaupt nicht zu sehen bekommen, weil es eine schwere Hepatitis hatte. Kriegen Babys ja oft, wegen der Umstellung, wissen Sie. Überhaupt - man meint immer, Kinder wären von Natur aus gesund. Ja, von wegen! Es gibt nichts Empfindlicheres als ein Baby! Die geringste Zugluft, ein zu kühles Bad, Wundliegen, Aufscheuern, und schon liegt es auf der Nase und schreit in seiner ganzen entsetzlichen Hilflosigkeit bei Tag und Nacht!"

Günter stand auf. Er hatte mit ansehen müssen, wie Babett immer kleiner wurde, und berührte sie leicht an der Schulter. „Der Baron möchte noch mit uns sprechen", behauptete er. Babett stand auf und verabschiedete sich aufatmend. Wagner geleitete sie hinaus.

„Wer um Himmelswillen war denn das?"

„Cilly Fleischer. Sie reist für "Kinderfroh'-Babynahrung" und sitzt im Stadtrat. Ich glaube, ich möchte doch vielleicht lieber kein Kind kriegen, Günter! Dabei..."

„Was denn?" erschrak er.

„Ich hab' seit gestern so ein Ziehen im Bauch!"

„Lieber Gott! Wenn du den Jacob hier kriegst, hat er die bayerische Staatsangehörigkeit! Und er sollte doch ein fröhlicher Sachse werden!"

Der Baron kam hinter ihnen her. Er verbeugte sich ein paarmal.

"...noch einmal betonen, wie angenehm!" sagte er und brachte einen Briefumschlag zutage, den er Günter in die Hand
drückte. „Unser kleines Salär, mehr eigentlich der Ausdruck
meiner Anerkennung und persönlichen Wertschätzung....ich
hoffe, daß Sie bald einmal wieder, auch Ihre Direktorin für
Öffentlichkeitsarbeit, ganz entzückende, sehr erfreuliche Bekanntschaft, alter Adel, nicht wahr? Sie müssen schon gehen?"

Wagner, der ihm nicht gerade das Geheimnis der bevorste-
henden Hochzeitsnacht auf die Nase binden wollte, nickte.

„Wir müssen morgen früh die erste Maschine in Nürnberg
kriegen." Sie verabschiedeten sich noch eine Weile, dann trat
Günter Wagner mit seiner Babett in die klare Nacht hinaus.
Er riß den Briefumschlag auf und wurde blaß.

„Tausend Mark, Babett! Ein Scheck über tausend Mark!" Sie
hängte sich bei ihm ein.

„Ich wußte immer, daß Du zu Großem bestimmt bist!"

„Schon, schon!" stimmte er zu. „Aber das hilft uns im Augenblick nichts. Hausmann, der Inspektor, der uns mitnehmen sollte, hat sich drinnen festgesoffen. Der letzte Bus ist
weg, und Geld für ein Taxi haben wir nicht mehr!"

Babett kramte in ihrer Tasche.

„Ich hab' etwas zurückgelegt für den Fall, daß mal was ist",
erklärte sie und hob einen Geldschein ins Mondlicht.

„Und jetzt ist etwas?" fragte Günter beklommen. Babett preßte
beide Hände auf ihren Bauch.

„Ich fürchte,. ja!" stöhnte sie und mühte sich, Luft zu holen.

*

Daddy Rethlevsen blätterte in Katalogen und Fachzeitschrif-
ten, die seit der Gründung des Deutschen Linsenverbands in
reicher Fülle ins Haus kamen. „Saat & Ernte", „Der main-
fränkische Kleinlandwirt", „Landwirtschaftliche Mitteilun-
gen für Geesthacht und das Marschenland" und „Die Ähren-

lese" boten ihm seitdem anregende Unterhaltung. Grischa Costers saß ihm gegenüber und legte eine Patience. Er blickte grüblerisch auf die Karten und murmelte immer wieder: „Was für ein Leid!" - ein Klageruf, den er gleich in den ersten Tagen seines neuen Lebens in den alten Bundesländern von einer kölner Marktfrau gelernt hatte und der ihm seitdem häufig entschlüpfte, in überzeugend echt klingendem rheinischem Tonfall.

„Anfangs kriegten wir doch auch noch andere Zeitschriften, nicht wahr?" meinte Rethlevsen und legte „Schweinemast in und um Münster" mißbilligend zur Seite, weil das Blatt keine der von ihm bevorzugten Partnerschaftsanzeigen enthielt. Die Schweinemäster in und um Münster schienen alle in festen Händen zu sein oder keine entsprechenden Wünsche zu hegen. Grischa blickte auf.

„Sie meinen den „Genossenschaftlichen Börsendienst" oder die „Euro-Agrar-Logistik" und so etwas?"

„Genau das! Haben wir die abbestellt? Es waren immer so hübsche Anzeigen drin, für Potenzmittel und FKK-Ferien und Hostessen für Messegäste!"

„Die kriegen wir schon noch, aber Willmuth sortiert sie sich gleich aus. Er braucht sie für seine Doktorarbeit „Wirtschaftliche Aspekte landwirtschaftlicher Neunutzungsbestrebungen am Beispiel der Linsenanbauinnovation".

„Willmuth schreibt eine Doktorarbeit?" wunderte sich Rethlevsen. Grischa nickte.

„Es ging nicht mehr anders. Er braucht die zwei Buchstaben vor dem Namen. Diplom-Kaufmann ist zu umständlich und macht nichts her. Außerdem hat hier im Westen jeder den Doktor, glaube ich." Er legte eine rote Dame unter den Kreuzbuben, was nicht ganz den Vorschriften entsprach. Auf der Diele waren Schritte zu hören. Die Tür ging auf, und Günter Wagner trat mit einem Koffer ein.

„Hallo!" grüßte er. Rethlevsen lehnte sich auf dem Sofa zurück und schmunzelte ihn an.

„Salve, pater felix!"

„Wie?" fuhr Grischa Costers auf.

"Das heißt „Willkommen, glücklicher Vater!" erklärte Daddy Rethlevsen. „Für die Amtmannsprüfung mußte ich seinerzeit auch etwas Latein lernen. Ich habe die Prüfung dann zwar nicht bestanden, aber das Latein ist haften geblieben. Wie geht es der Babett, und wie dem Jacob?"

Wagner setzte den Koffer ab und öffnete den Hemdkragen.

„Der Jacob ist eine Tochter geworden", sagte er.

„Tatsächlich? Und wie heißt sie?" wollte Rethlevsen wissen.

„Linse, natürlich!" Günter Wagner setzte sich auf die Besucherkiste mit dem Kissen. Sie knackte gefährlich. Grischa riß hochachtungsvoll die Augen auf.

„Gratuliere! Das hast du wirklich fertiggebracht? Wie werbewirksam! Ich werde eine Goldene Ehrennadel für dich entwerfen!"

„Zuerst wollte der Standesbeamte in Schneidrainsgrün nicht dabei mitmachen. Aber ich habe ihm vorgehalten, daß er andere Kinder ja auch auf Pflanzennamen tauft, auf Rose zum Beispiel und Linde. Da haben wir dann einen Kompromiß geschlossen, daß sie auch noch einen bürgerlich unanfechtbaren Namen bekommt, und so heißt sie jetzt Anna-Linse. Babett findet das auch sehr gut, zumal wir die Entbindung mit dem Honorar für meinen Vortrag über den Linsenanbau vor der Landwirtschaftskammer des Grafen Poldi bezahlt haben. Übrigens läßt Babett auch schön grüßen!"

„Wann kommt die mit der Tochter nach?"

„Das steht in den Sternen. Maria von Schnelz-Wahnfeld hat wohl den Eindruck, daß wir hier ähnlich wie im Stall zu Bethlehem hausen, und vorerst sollen Babett und Anna-Linse bei ihr in Leidenau bleiben. Die ersten Wochen im Leben seien die wichtigsten, hat sie gesagt."

„Da kann man nichts machen."

„Richtig. Hätte man sie rechtzeitig in den Bundestag gewählt, wäre die Wende schon viel früher eingetreten. Übrigens sollen wir uns derweil ums Geschäft kümmern, läßt Babett ausrichten. In der Hansa-Elite-Kaffeedose läge der Schlüssel zur

Schublade, und in der Schublade wären die Kontoauszüge, die Babett nicht mehr hat abheften können, ehe wir fuhren!" Grischa legte seine Karten zusammen. Die Patience zeigte ohnehin keine Neigung, aufzugehen. Er fand den Schlüssel in der Kaffeedose, öffnete Babetts Schublade und nahm die ungeöffneten Umschläge aus chlorfreiem Recyclingpapier heraus.

„Hier sind in der Tat Kontoauszüge." Er schlitzte sie auf und legte sie untereinander. Dabei verstärkte sich der ratlose Ausdruck seines hageren Gesichts mit jedem Blatt, das er in die Hand nahm.

„Was ist, Grischa?" fragte Günter. „Sind wir so sehr im Minus? Droht Pfändung oder gar der Schuldturm?"

„Im Gegenteil. Sternförmig strömen Summen auf unser Konto. Wieso denn nur? Sieh doch!"

Günter Wagner beugte sich über die Überweisungsbelege.

„Bundesvereinigung der Futtermittel-Importeure, Mitgliedsbeitrag Juli", las er. „Hauptverband der genossenschaftlichen und Erzeugergroßverbände. Nordrhein-westfälische agrartechnische Fördervereinigung."

„Wer ist das?" fragte Grischa fassungslos. „Die Futtermittelmenschen habe ich wohl als Mitglieder gewonnen, über Prummendahl & Co., mit deren dickem Gödecke ich auf einer Veranstaltung Rotwein trinken mußte. Aber die anderen?"

„Nun, ich war ja auch für unseren Verband unterwegs, und vor allem Willmuth hat sich eifrig umgetan. Das sind alles Mitglieder, mein Lieber! In Bausch und Bogen über ihre Verbände eingesammelt!"

„Ich hätte nie geglaubt, daß so etwas geht!" flüsterte Grischa Costers.

„Natürlich geht das!" nickte Günter Wagner, der schon etwas länger im freien Westen war. „Verbandsmittel müssen zur Förderung der Verbandsziele ausgegeben werden. Dazu rechnet meist ein schönes Büro in angenehmer Lage, der Besuch von Kongressen in landschaftlich hübschen Badeorten, man hält Hauptversammlungen mit Damenprogramm ab, und wenn dann noch etwas übrig ist, nutzt man es, um sich gegenseitig Gutes zu tun."

„Aber warum uns?"

„Weil sie alle Angst vor einer einheimischen Linsenproduktion haben und uns damit stillhalten wollen."

„Und was machen wir mit dem Geld? Ich meine, der Deutsche Linsenverband braucht doch kaum etwas!" überlegte Grischa.

„Wir warten, bis Tango und Willmuth kommen, und dann gehen wir erst einmal auf Verbandskosten ins „Rheinschlößchen" essen", schlug Günter Wagner vor. Grischa blickte noch einmal auf die Endsumme des letzten Auszugs. Dann schüttelte er den Kopf.

„Ich. verstehe ja, daß du von der langen Reise hungrig bist, lieber Freund! Aber es handelt sich um insgesamt siebenunddreißigtausend Mark!"

Günter schluckte. Dann mußte auch er sich wieder setzen.

„Und du meinst, es geht damit weiter?"

„Monatlich! Und es wird noch mehr! Hast du nicht gehört, daß Willmuth neulich bei der Tagung in Königswinter einen ganzen Bundesverband samt allen Mitgliedern bei uns aufgenommen hat? Und die Förderungsbeiträge des Wirtschaftsministers stehen auch noch aus, ebenso wie eventuelle Zuwendungen der Europäischen Behörde!"

Grischa dachte nach, dann hob er den Kopf.

„Hier stehen tatsächlich Überlegungen von einer solchen Tragweite an, daß wir irgendetwas einberufen müssen. Eine Vorstandssitzung, oder eine Klausurtagung... das heißt doch hier so?"

„Ich schlage ein Arbeitsessen vor. Ich habe tatsächlich Hunger."

Grischa stand auf und fuhr sich durchs Haar.

„Das ist's! Gehen wir arbeitsessen! Für Tango und Willmuth hinterlassen wir einen Zettel, daß sie nachkommen."

*

Im „Rheinschlößchen" wurden sie zu einem akzeptablen Tisch am Fenster geführt, und als sie Platz genommen hatten, wollte der Kellner sogleich die schweren, ledergebundenen Speisekarten bringen. Aber Grischa wehrte ab.

„Wir erwarten noch einige Herrschaften. Bringen Sie mir einstweilen einen Campari Soda!"

„Mir einen Tomatensaft", überbot ihn Günter. „Mit einem kleinen Spritzerchen Gin. Und genügend grobem Pfeffer."

„Wo hast du das gelernt?" fragte Grischa. „Ich tu' mir immer noch schwer genug, daß mir in solchen Situationen wenigstens der Campari einfällt!"

„Ich bin ja schon eine Weile hier drüben. Und davor habe ich nichts im Westfernsehen ausgelassen, was feine Lebensart und andere kapitalistische Verrücktheiten versprach", erklärte Günter. „Du lernst das auch noch, da wir nun genügend flüssige Barmittel im Rücken haben." Die Getränke wurden serviert, und sie hatten erst daran genippt, als Tango und Willmuth auftauchten. Tango von Dahlen kam offensichtlich wieder einmal aus Bonn, denn sie trug den obligaten schwarzen Taftrock und die grüne Bluse. Statt der schweren Granatbrosche hatte sie ein schwarzes Spitzentüchlein angesteckt. Sie durchschritt den Raum, als sei sie hier zu Haus. Willmuth tappte ein bißchen linkisch hinter ihr her, wischte dabei ein paar Bierdeckel von einem arroganten Beistelltisch und zwinkerte ob der ungewohnten Pracht.

„Wir waren nicht ganz sicher, ob der Zettel in Volltrunkenheit oder als vorsätzliche Irreführung geschrieben worden war", sagte Tango und setzte sich unbefangen hin und ordnete anmutig ihren Rock. „Aber da uns der Hunger plagte... komm' an meine Seite, mein Schatz! Da kann dir nichts passieren, und du richtest auch weniger Unheil an! Aber wieso habt ihr uns hierhergelockt? Die Lottogewinne werden doch immer erst mittwochs ausgezahlt?"

Der Kellner nahte schon wieder.

„Kir", sagte Tango mit einem scheuen Seitenblick auf Grischa.

Der lachte nur. Da korrigierte sie sich eilends: „Kir Royal. Und du?"

„Ich auch", nickte Willmuth. Er vertraute völlig auf die größere Erfahrung seiner Dauerverlobten, was Wohlleben und gesellschaftliche Usancen anging.

„Nun sagt aber mal ehrlich, wieso wir in dieser feudalen Spesenhütte dinieren!" verlangte Tango. „Ist etwa Geld eingegangen?"

Grischa sah sich vorsichtig um.

„Wir haben Kasse gemacht. Babett hat siebenunddreißigtausend Mark auf dem Konto."

Willmuth schnappte nach Luft. Tango betrachtete ihn liebevoll. „Und das hat sie geheimgehalten? In der letzten Phase einer Schwangerschaft neigen Frauen mitunter dazu, alle Habe zusammenzuraffen und für Zeiten der Not zu verstecken. Jedenfalls find' ich das fabelhaft! Super! Aber wir können das alles doch nicht heute abend auf den Kopf hauen?"

„Kaum. Dies hier dient auch keineswegs leichtfertiger Lustbarkeit, sondern ist ein sogenanntes Arbeitsessen, auf dem wir unsere Finanzpolitik besprechen und die Verwendung der hereinfließenden Gelder regeln! Seht, wer da kommt!"

Daddy Rethlevsens Auftritt war der beste. Er hatte sich ein schneeweißes Hemd übergezogen und ein altväterliches feierliches Plastron umgebunden. Die Beine staken in messerscharf gebügelten grauen Hosen, und oben herum schmückte ihn ein untadelig erhaltener Bratenrock, wie ihn anfangs dieses Jahrhunderts noch dörfliche Honoratioren bei Kindstaufen und Begräbnissen getragen hatten. Grischa und Günter erhoben sich und deuteten eine Verbeugung an.

„Herr Präsident!"

„...außerordentlich geehrt, Exzellenz!"

Rethlevsen nickte ihnen mit kaum unterdrücktem Schmunzeln zu und beugte sich seinerseits über Tangos aristokratische Hand. „Gnädigste!" murmelte er. Auch Willmuth stand nun auf und stieß seinen Stuhl dabei gegen eine Topfpflanze. Er drückte Rethlevsen die Hand, daß seine Gelenke knackten. Der Geschäftsführer des „Rheinschlößchen", der Daddy Rethlevsen an den Tisch geleitet hatte, entfernte sich verwirrt und in schweren Gedanken. Präsident? Vielleicht einer orientalischen Aktiengesellschaft? Oder einer vergessenen Bergbauernrepublik im Schatten Nepals?

Rethlevsen war inzwischen steifbeinig zu Stuhle gekommen und nahm die weiteren Komplimente seines Verbandsvorstandes lächelnd entgegen.

„Das ist nämlich so", erläuterte er dann, „im „Rheinschlößchen" war ich bisher nur einmal, bei meiner Erstkommunion. Ich habe nur noch die Erinnerung, daß es schrecklich vornehm zuging. Ich durfte nicht herumlaufen, nicht laut sprechen, und essen mußte ich so manierlich, daß mir überhaupt nichts geschmeckt hat. Als ich dann euren Zettel an der Tür las, dachte ich, daß ich mich mal wirklich feinmachen müßte, um nicht schon an der Tür abgewiesen zu werden. Tja - und das habe ich denn auch getan!"

„Mit überwältigendem Erfolg!" nickte Grischa und winkte dem Kellner, daß er die Speisekarten brächte. „Die Geschäftsführung des Deutschen Linsenverbands erlaubt sich, ein kleines Arbeitsessen zu geben. Bitte, geniert euch nicht! Es geht alles auf Verbandskosten, und wie ich den Laden hier einschätze, ist auch von allem genug da!"

„Dann fange ich mit Hummercreme an!" entschied Tango. „Und später nehmen wir eine Entrecote double, nicht wahr, mein Schatz? Ich muß endlich einmal etwas Ordentliches essen!"

Die anderen gedachten nicht zurückzustehen, und der Kellner gab sich äußerst beherrscht, als er notierte. Dann beugte sich Grischa vor:

„Um das Geschäftliche noch vor dem Mahl hinter uns zu bringen - es geht darum, daß unsere Mitglieder zu zahlen begonnen haben. Auf dem Konto befinden sich runde Siebenunddreißigtausend. Willmuth wird mir zustimmen, daß das für eine ernsthafte Geldanlage zu wenig ist. Andererseits sind wir alle in einem.. nun, etwas bedürftigen Zustand. Mein

Hemd stammt noch aus der Produktion des VEB Männer-oberbekleidung, und in der Hose habe ich seinerzeit darauf gewartet, daß die Grenzen fielen."

„Mein Taftrock mit der grünen Bluse ist auf dem Bonner Parkett fast schon so bekannt wie der zerknautschte Anzug eines früheren Außenministers!" stimmte Tango zu. "Wenn das eben ein Antrag war, Grischa, stimme ich zu!"

„Ich schlage in der Tat vor, diese ersten Einkünfte in Form einer Aufwandsentschädigung zu verteilen. Sechs mal fünf ist dreißig; da bleibt noch genug, um die anstehenden Rechnungen zu bezahlen und die zweite Nummer unseres Pressedienstes herauszubringen, diesmal übrigens bebildert. Einverstanden?"

Willmuth räusperte sich

„Würde ein kleiner roter Sportwagen auch zu dem Aufwand zählen, der entschädigt wird?"

„Selbstverständlich. Mit deinem Anteil kannst du machen, was du für nötig hältst. Kauf' dir das Ding - vorausgesetzt, du fährst damit gelegentlich nach Bonn!"

Willmuth schluckte den sauren Apfel. Mit dem kleinen roten Sportwagen würde er sogar den Dr. Rieselberger besuchen. Aber auch Daddy Rethlevsen hatte noch eine Frage.

„Wieso sechs? Ihr habt Anna-Linse vergessen!"

„Lassen wir doch das unschuldige Kind aus dem Spiel! Sie zählt nicht zu den Vorstandsmitgliedern, und ihr Erhaltungsaufwand ist vergleichsweise unbedeutend!" wehrte Grischa ab. Aber da regte sich weiblicher Widerstand bei Tango, obwohl sie hier allenfalls Tantenrolle zu spielen hatte.

„Natürlich ist sie noch kein Vorstandsmitglied, Grischa! Aber sie opfert ihre Unschuld auf dem Altar der werblichen Wirtschaft, indem sie diesen außergewöhnlichen und auffälligen Namen tapfer durchs Leben trägt! Ich bin dafür, Anna-Linse zumindest ein Legat auszusetzen. Zwei- oder dreitausend wenigstens!"

„Du sprichst wie ein Nabob!" wehrte sich Grischa, aber er wurde überstimmt. „Na, gut!" resignierte er schließlich.

„Überschüttet sie nur mit Pampers und Alete und Kraftnahrung und Schnullerli! Ihr werdet sehen, was ihr der unbefleckten Seele damit antut! Mit drei Jahren will sie dann eine Barbiepuppe, mit vieren eine Eistanzausrüstung, und ehe sie in die Schule kommt, hat sie schon den Schrank voller Videos mit Cinderella und Pumuckel und ähnlichen Scheußlichkeiten!" Die einleitenden Suppen kamen und wurden durchweg aus silbernen Gefäßen serviert, mit Croutons und Käsestangen und kleingehackten frischen Kräutern. „Na, schön. Wieviel also für das unmündige Würmchen? Dreitausend?" Willmuth und Rethlevsen nickten schon mit vollem Mund, Günter wiegte als Mitbeschenkter eine Weile schamhaft seinen Kopf, und Tango hob die Hand.

„Angenommen, beschlossen und verkündet! Mein Gott, gestern haben wir noch Babetts Linseneintopf gegessen, und heute laß' ich fast meine Hummercreme über lumpigen dreitausend kaltwerden! Bon Appetit! Wir benehmen uns ja wirklich wie die armen Verwandten!"

*

„Ich habe den unbestimmten Verdacht", sagte Grischa Costers beim gemeinsamen Frühstück, „daß unsere zahlenden Mitglieder sehr gern sehen würden, daß wir etwas für die gemeinsame Sache tun."
Er blickte suchend über den Tisch, verwarf die Leberpastete ebenso wie den Parmaschinken und den Gorgonzola, entdeckte dann jedoch die englische Marmelade und nahm sich dazu eine Scheibe frischen Rosinenstuten rheinischer Art.
„Außenstehenden muß unser segensreiches Wirken tatsächlich nebulos erscheinen", nickte Günter Wagner und schluckte die letzte Gabel voll Ham and Eggs. „Bislang haben wir den Linsengedanken eher meditativ gefördert. Sozusagen. Wir nehmen zwar freudig an Presse-Empfängen teil, Tangos Linsen-Diner war ein voller Erfolg, ich halte hier und da einen Vortrag über diese verdammten Hülsenfrüchte - aber die Welt

erfährt nicht viel davon."

Tango fühlte sich angesprochen. Sie reckte sich in dem Mittelding zwischen Negligé und Morgenmantel, das natürlich auf Betriebskosten angeschafft worden war und ihr ausgezeichnet stand, aber auch nicht allen Anforderungen an eine wirksame Öffentlichkeitsarbeit genügen konnte. Sie gab sich einen Ruck, stellte ihre Teetasse ab und sagte:

„Dann laßt uns doch eine Zeitung machen!"

„Eine Zeitung?" echote Willmuth mit vollem Mund.

„Es gibt kein besseres Mittel, allen Leuten klarzumachen, wie gut und erfolgreich wir sind!"

„Großartige Idee!" lobte Günter Wagner und hob Tango sein Glas mit pasteurisierter, unbegrenzt haltbarer Vollmilch entgegen. Seit er Vater war, trank er jeden Morgen Milch, hauptsächlich des Kalziums wegen. „Wie soll sie heißen?"

„Linsen-Kurier!" antwortete Tango und zuckte mit den schmalen Schultern, als käme nichts anderes infrage.

„Heute morgen bist du eine Wucht, Tango! Erscheinungsweise?"

„Monatlich. Ich will mich schließlich nicht totarbeiten."

„Richtig. Und wovon soll das Blatt leben?"

„Von den Gefälligkeitsanzeigen unserer Mitglieder und an Selbstdarstellung interessierter Firmen. Düngemittelindustrie, Landmaschinenfabrikanten, Vermarkter."

„Und was wird drinstehen?"

„Kein Problem. Wir kriegen das Blättchen schon voll. Kostenlose Pressedienste gibt es genug; die besorge ich mir und druck' sie in Auswahl unter reißerischen Überschriften ab. Dann räubern wir noch ein bißchen in der Fachpresse, den Rest liefern die Ministerien und die Tageszeitungen, die wir zitieren. Und fein hineingestreut ins Blatt bringen wir die Erfolgsmeldungen des Deutschen Linsenverbandes."

Beeindruckt blickten alle auf ihre gewandte PR-Chefin.

„Du wirst Chefredakteur, Günter. Dafür darfst du auch einen Aufsehen erregenden Leitartikel schreiben."

„Schön und gut. Chefredakteur wollte ich schon als kleiner

Junge werden. Mein Onkel war Chefredakteur; er brachte mir aus Moskau eine russische Puppe mit und Apfelsinen vom Schwarzen Meer. Aber wo bleibt das eigentlich Fachliche in unserem Blatt, Tango?"

„Wenn du das Linsenfachliche meinst - das Historische nehmen wir aus deinen lichtvollen Vorträgen. Die drucken wir in Fortsetzungen. Portraits der wichtigsten Linsensorten liefern uns die Prospekte der Importeure. Und wenn ihr mich reizt, mach' ich noch Sonderseiten „Für die Frau" mit Linsenrezepten, „Für den Gartenfreund" mit Anleitungen zur erfolgreichen Linsenkultur und: „Schön und gesund mit Linsen", Ratschläge zur Linsendiät, Linsenmus als Hautpflegemittel bei Akne und in den Wechseljahren und Linsenwasser zum Gurgeln in trocken klimatisierten Büroräumen!"

Wagner erschauerte vor soviel bedenkenlosem Professionalismus.

„Müssen wir diese wundersame Zeitung irgendwo anmelden?" fragte er vorsichtig.

„Hier herrscht Pressefreiheit!" winkte Grischa Costers ab. „Schau dir doch einmal an, was alles an den Kiosken hängt! Dagegen haben wir doch fast schon eine ethische Motivation!"

„So ist es! Morgen gehe ich an die erste Ausgabe! Redaktionsschluß in acht Tagen, Herr Chefredakteur! Sieh zu, daß du nicht versehentlich gegen jemanden schreibst, von dem wir Geld erwarten. In zwei Wochen muß die erste Ausgabe auf dem Tisch liegen! Wieviel drucken wir, Grischa?"

„Wenn wir alle unsere Mitglieder, die einschlägigen Behörden und Wirtschaftsvereinigungen abdecken wollen, zweitausend? Wer macht übrigens den Versand?"

Aller Augen gingen zu Babetts leerem Stuhl.

„Hm", machte Günter Wagner, „das wird viel Arbeit. Ich weiß nicht, ob die junge Mutter das schafft. Neben all' dem anderen..."

„Wenn du das Stillen meinst - das kann ich ihr leider nicht abnehmen", sagte Tango. „Wir sind hier nicht im Spreewald, und mir fehlt fast alles zur Amme. Aber die Adressen werde ich irgendwie zusammenbekommen. Über kurz oder lang werden wir Babett ohnehin die versprochene EDV-Anlage kaufen müssen. Da aber in Kürze abermals ein Geldsegen über uns herniedergehen wird, dürfte das kein Problem werden. Ich drucke erst mal unsere Zeitung, und dann sehen wir weiter. Ich krieg' sie schon unter die Leute!"

*

Der Einzug Anna-Linses wurde zu einem kleinen Triumphzug. An der Haustür schon nahm Tango von Dahlen, die gerade aus Bonn kam und nach Champagner der höheren Preisklasse duftete, das Bündel aus Babetts Arm und küßte es auf beide Wangen.

„Du siehst übrigens fabelhaft aus," sagte sie zu der jungen Mutter. „So richtig pumperlgesund! Daran erkenne ich Marias Handschrift auf dem Küchenzettel."

Oben erhob sich Daddy Rethlevsen schmunzelnd von seinem Sofa.

„Was für ein schönes Kind!" sagte er, obwohl von Anna Linse nicht mehr als das verschlafene Gesichtchen zu erkennen war. Er kitzelte sie vorsichtig unterm Kinn, wie er es bei kleinen Katzen und jungen Hunden gewohnt war. Anna Linse ließ es mit sich geschehen. Babett legte ihren neuen Loden ab, schleuderte die neuen Schuhe in die Ecke und setzte sich aufatmend an den Küchentisch. Rethlevsen wiegte Anna Linse und summte dabei ein Liedchen aus seiner Kinderzeit. Der Text, der sich auf ein verderbenbringendes Morgenrot und auf den Tod in der Schlacht bezog, war ihm glücklicherweise entfallen. Babett zog die Schublade auf und nahm ein Bündel Briefumschläge heraus.

„Irgendjemand hätte inzwischen ja auch mal die Kontoauszüge abheften können", sagte sie. Tango kam herein und überhörte die letzten Worte. Sie steckte sich eine Zigarette an.

„Mag sie das? Oder ist hier jetzt Rauchen in Kindesnähe verboten?"

Babett sandte ihr einen flüchtigen Blick zu.

„Rauch' nur. In Leidenau haben sie ihr ganz anderen Knaster zugemutet, und sie hat's überstanden. Gibst du mir bitte einmal den Hefter für die Kontoauszüge vom Regal? Der schwarze, neben der Keksdose, wo „Zucker" drauf steht? Ich wette, ihr habt keine Ahnung, wieviel Geld in der Verbandskasse ist!"

„Wir wollten dir nicht alles durcheinanderbringen", entschuldigte sich Tango. „Und außerdem hatten wir noch genug."

Daddy Rethlevsen war zu einem Lied mehr maritimen Charakters übergegangen. Diesen Text kannte er noch; er handelte von Sturmgebraus und dem Tod in den Wellen, und das schien Anna Linse zu gefallen. Ihre Mutter raschelte mit den Bankpapieren und hatte eine steile Falte auf der Stirn.

"Sollten wir nicht etwas essen?" fragte Tango. Sie war auf einem Empfang zu Ehren eines abchasischen Dichters gewesen, wo es nur Krimsekt gegeben hatte. Babett sah kaum aut.

„Essen? Hm... mach' einfach ein paar Brote!"

Tango blieb der Mund offen. Soweit sie sich an praenatale Zeiten erinnerte, hatte Babett immer eifersüchtig über ihre schmalen Vorräte gewacht und niemanden an den Kühlschrank gelassen. Kopfschüttelnd holte Tango Brot und Butter und Aufschnitt, um Sandwiches zu bereiten. Anna Linse war eingeschlafen. Behutsam schloß Babett die Ringmechanik des Bankbelegordners.

„Trommle doch bitte einmal die anderen herbei, Tango!" sagte sie. Tango fuhr abermals zusammen. Noch nie, seit Menschengedenken, hatte Babett irgendjemanden gebeten, etwas zu tun, was sie selber tun konnte Mit der Ankunft Anna Linses schien sich einiges geändert zu haben. Kopfschüttelnd legte Tango das Brotmesser hin und ging hinaus. Wenig später schoben sich Günter, Willmuth und Grischa in die Küche. Sie waren dabeigewesen, das Kinderbettchen aufzustellen, und an Willmuths Daumen bildete sich schon eine schwarzblaue Blutblase.

„Ist was mit dem Kind?"

„Das Kind schläft. Schließlich ist es seine Zeit. Aber ich habe den Eindruck, daß der Deutsche Linsenverband auch geschlafen hat. Um die Bankauszüge hat sich jedenfalls niemand gekümmert. Ich weiß", wehrte sie den fälligen Einwand ihres Gatten ab, „ihr wolltet mir nichts durcheinanderbringen. Deshalb bring' ich euch jetzt mal ein bißchen durcheinander. Setzt euch!"

„Warum?" wunderte sich Willmuth und leckte seine Wunden. Babett sah ihn schräg an.

„Es wäre möglicherweise auch nicht falsch, Cognac bereitzuhalten."

„Wird's arg?" fragte Tango.

„Hm", machte Babett nur.

„Dann gib den französischen aus dem Schrank, und die kleinen Senfgläser, Willmuth!"

Wilimuth willfahrte, ohne Scherben zu erzeugen. Tango schenkte gut bemessen ein. Daddy Rethlevsen leckte sich die Lippen.

„Also, wenn es um die monatlichen Überweisungen geht", sagte Günter Wagner, „dann brauchst du uns nicht so auf die Folter zu spannen. Vorigesmal waren es rund siebenunddreißigtausend, und in diesem Monat dürften noch ein paar dazugekommen sein."

"Trinkt erst mal!" forderte sie Babett auf. Sie gehorchten murrend. „Ein paar Tausender - damit liegst du völlig daneben, mein Lieber!"

Günter zuckte mit den Achseln.

„Na, schön. Wenn es weniger ist, werden wir auch nicht zugrundegehen. Das ist nun mal so in der Marktwirtschaft!"

„Aber es ist nicht weniger", gab Babett sanft zurück.

„Sondern?" fragte Tango. Sie bereute schon, daß sie sich mit voller Wucht auf den „Linsen-Kurier" geworfen und darüber die Verbandsgeschäfte etwas vernachlässigt hatte.

„Auf dem Konto des Deutschen Linsenverbands lagern gegenwärtig achthundertsechsundvierzigtausend Mark", gab

Babett bekannt. Augenblicklich breitete sich ergriffenes Schweigen aus.

„Das ist, wenn ich richtig gehört habe, etwas mehr als eine Dreiviertelmillion?" fragte Grischa endlich. Babett nickte.

„Kein Computerfehler? Keine Fehlbuchung? Das Komma an der richtigen Stelle?"

„So ist es. Die Buchung stimmt mit den Belegen überein. Der dickste Batzen kommt mit achthunderttausend von der Europäischen Gemeinschaft in Brüssel."

„Die sind verrückt geworden!" brach es aus Willmuth heraus. Tango hatte den Finger an die Nase gelegt.

„Wartet mal! Der Hagenauer Bernie hatte was von hunderttausend gesagt."

„Aber das hier ist achtmal mehr!"

Tango nickte. „Erinnert ihr euch noch an den Abend, an dem wir den Fragebogen ausgefüllt haben? Dieses mehrsprachige Silbenrätsel in achtfacher Ausfertigung?"

„Natürlich", bestätigte Günter. „Wir haben unmäßig viel Rotwein dazu trinken müssen, wegen der fremden Sprachen. Aber zum Schluß war alles brav vollgeschrieben!"

„So war es! Und ich denke, von den acht Ausfertigungen bezog sich jede auf ein EG-Land, in dem der Antragsteller tätig werden wollte."

„Wieso acht?"

„Im eigenen Land unterstützt natürlich die eigene Regierung, und die Engländer machen sowieso nicht mit. Das hat alles seine Richtigkeit, und wir haben für die acht je hunderttausend kassiert."

„Oh weh!" murmelte Grischa. „Wenn das jemand merkt! Ehe ich auf immer hinter Gittern verschwinde, möchte ich noch einmal als freier Mann einen freien Cognac trinken!"

„Ich auch!" schloß sich Günter dumpf an. Tango schenkte nach. „Niemand wird dahinterkommen", behauptete sie. „Ich kenne genug EG-Beamte, um da ganz sicher zu sein."

Anna Linse meldete sich mit leisem Quäken. Rethlevsen wiegte sie etwas stärker und sagte: „Cognac ist noch nichts für dich, Linselchen! Später, wenn du so groß bist wie die Mama oder die Tango, dann trinken wir mal einen zusammen, oder auch zwei,. damit du's lernst!"

*

Da sich Tango außerstande erklärte, mit einer Dreiviertelmillion im Rücken Butterbrote zu schmieren, hatten sie das Pizza-Taxi angerufen und aßen nun am Küchentisch Saltimbocca und Lasagne und tranken dazu den Wein, den es bei einer Bestellung von mehr als dreißig Mark gratis gab.

„Was macht man mit soviel Geld?" fragte Günter und faltete seine unbefleckte Papierserviette sorgsam zusammen. Grischa blickte auf.

„Wir sollten vielleicht nicht gleich alles ausgeben", meinte er. „Aber wie es hier in der Küche und in den anderen Zimmern aussieht - ein Verbandssitz ist das nicht. Stellt euch vor, es kommt mal jemand!"

„Grischa hat recht. Willmuth wäre letzte Nacht fast von Zeitschriftenstapeln erschlagen worden, als er zu mir herüberkroch", kicherte Tango. „Sie stapeln sich meterhoch um unsere spartanische Liegestatt, und täglich werden es mehr. Übrigens ist der „Linsen Kurier" wohl die einzige europäische Zeitung, die auf einem Brett über der Badewanne zusammengeklebt wird!"

„Also brauchen wir etwas Größeres. Aber wo, und woher? Die allgemeine Wohnungsnot der Alten Bundesländer..." murmelte Grischa, doch Tango schüttelte den Kopf, daß ihre Locken flogen.

„Die bezieht sich nur auf Wohnungen für das Volk. An größeren Objekten ist alles zu haben. Ich war neulich auf einem Empfang der mexikanischen Botschaft. Die liegt in Köln-Marienburg. Piekfeine Gegend, voller Botschaften und Handelsmissionen und Bundesverbänden. Da habe ich eine alte Villa gesehen, in einem Park mit großen Bäumen, und die ist zu vermieten. Am Zaun hing das verwitterte Schild eines

Maklers. Das wäre zum Beispiel schon etwas für uns!"
„Eine alte Villa ist nicht übel. Alte Villen wirken seriös, und
das kann ein so junger Verband brauchen. Ist sie groß ge-
nug?"
„Von außen schon. Außerdem gibt es Nebengebäude, soweit
ich mich erinnere.
„Garagen?"
"Du denkst vermutlich schon an einen Verbandsmercedes?
Vielleicht ist es aber auch eine Hausmeisterwohnung oder
ein Appartement für die Köchin."
„Ihr spinnt ja schon ganz schön!" fuhr Babett dazwischen.
„Ich meine, wir fahren morgen früh, wenn wir wieder bei
Sinnen sind, erst einmal hin und sehen uns das Objekt genau
an! Man kann nicht vorsichtig genug sein! Wenn das Haus
schon so lange leersteht, daß das Schild des Maklers verwit-
tert ist, gibt es da bestimmt einen Haken!"
Tango schenkte sich den Rest aus der Flasche ein.
„Haken sind außerordentlich nützlich, um tragfähige Kompromisse daran aufzuhängen. Wenn jeder seine Rolle perfekt
spielt, könnten wir den Makler elegant aufs Kreuz legen.
Räumt den Tisch ab, und dann proben wir einmal, wie wir im
einzelnen vorgehen!"

*

Der Schlüssel knirschte im Schloß, die Tür ging knarrend auf,
und modrige Luft schlug ihnen entgegen.
„Wir betreten jetzt die Halle!" erklärte der Makler weihevoll.
„Die Besitzerfamilie hatte sie mit einigen echten Gemälden
ausgestattet, die jetzt natürlich nicht mehr vorhanden sind.
Beachten Sie aber bitte die originale Holztäfelung und die
Kassettendecke - alles aus der Zeit und hervorragend erhalten!"
Durch ein paar hohe Fenster fiel dämmeriges Licht, und auf
halber Höhe der breit geschwungenen Treppe befand sich ein
buntes Kirchenfenster, das die kalte Atmosphäre mit seinen

Farben erwärmte. Grischa sah die Halle schon mit bequemen Sitzgruppen möbliert, einen Rokokotisch für die Anmeldung, mit einer attraktiven jungen Dame besetzt, die auch die Telefonvermittlung bedienen konnte...

„Geradeaus geht es ins Souterrain, wo sich auch die Küchenräume befinden. Ein Speisenaufzug verbindet sie mit den oberen Etagen. Sicherlich nicht weiter sehenswert", meinte der Makler unvorsichtig.

„Und ob!" widersprach Babett und schritt energisch auf die Kellertreppe zu. Der Makler folgte ihr, mit den Armen rudernd.

„Vorsicht, gnädige Frau! Ich weiß nicht, ob die Beleuchtung..."

„Keine Sorge!" Babett war daheim schon mit ganz anderen Wohnproblemen fertiggeworden, fand den Lichtschalter im Dunkeln und ließ ein paar schwache Glühbirnen aufglimmen. Sie stiegen hinab und fanden eine kahle, aber geräumige Küche, eine große, kühle Vorratskammer und etliche Keller, die sich im Dunkel verloren und deren Erforschung Babett einstweilen zurückstellte.

„Wenn man das mit allem Nötigen einrichtet, mag es angehen", befand Babett. „Sehen wir uns den Rest an!"

Im Erdgeschoß gab es fünf repräsentative Räume mit Kassettendecken, viel altersbraunem Holzwerk und Parkett.

„Geschäftsführerzimmer", dachte Grischa, „Büro, Redaktion und ein Raum für Günter und Willmuth." Im ersten Stock waren die Zimmer kleiner, aber zahlreicher, und als sie auch noch das Obergeschoß besichtigten, nahm bei Babett die Aufteilung in verschiedene, hübsche Wohnungen schon Gestalt an. Natürlich mußten noch Bäder eingerichtet und Trennwände gezogen werden, aber dann war das große Haus geradezu ideal. Sie sah aus dem Fenster des zukünftigen Kinderzimmers in den Park hinaus und gewahrte ein Eichhörnchen auf dem Ast einer alten Ulme, das ihr freundlich zuzwinkerte.

„Schön", sagte Babett und trieb den Makler wieder die Treppen hinunter. „Was gibt es sonst noch?"

„Im Garten die Garagen, wenn Sie sehen wollen? Mit einer zusätzlichen Wohnung für das Hausmeisterehepaar."

Sie besichtigten auch das noch und kehrten dann in die Halle zurück. Der Makler räusperte sich.

„Sie brauchen sich natürlich nicht gleich zu entscheiden", murmelte er. „Sie haben ja gesehen, in welch' ausgezeichnetem Zustand sich das Objekt befindet, und welch' begeisternde Möglichkeiten es Ihnen bietet!"

Tango von Dahlen, die während der letzten halben Stunde kein Wort gesagt hatte, fuhr herum und blickte ihm ins Angesicht.

„Ich habe eher den Eindruck, daß Sie uns eine Ruine aus der Zeit der Jahrhundertwende vermieten wollen. Dieses Haus ist eine Zumutung. Im Keller sind die Außenmauern feucht. Die Paneele haben den Holzwurm, daß es nur so staubt, wenn man sie scharf anblickt. Was die Heizung betrifft, dürfte sich höchstens noch das Germanische Museum dafür interessieren, und von den Fenstern schließt aber auch nicht eines noch richtig. Die sanitären Einrichtungen - lieber Himmel, Sie können von einer Dame nicht erwarten, daß sie sich dazu in den peinlichen Details äußert! Seit wann steht das Haus leer?"

„Seit... drei Jahren... ungefähr", sagte der Makler erbleichend.

„Also vier bis fünf. Und in der Zeit müssen Ihnen die Interessenten in hellen Scharen davongelaufen sein. Verständlich."

Sie drehte sich um und tat ein paar Schritte in die Weite der Halle hinein. Jetzt war Grischa dran.

„Ich muß Frau von Dahlen im Grunde zustimmen", nahm er das Wort. „Sie hat leider in jeder Beziehung recht. Trotzdem - ich bin vielleicht ein romantischer Träumer - von den Räumlichkeiten her scheint mir der alte Bau ein gewisses Flair zu haben. Aber man muß -zigtausende hineinstecken, ehe man überhaupt erst einmal mit der Ausstattung beginnen kann. Abriß und Neubau kämen gewiß nicht viel teurer." Er machte einen Schritt zurück, um Babett Raum für ihren fälligen Auftritt zu geben.

„Kommen wir doch einmal auf die Konditionen zu sprechen",
schlug sie vor und dachte an Anna-Linse, die schließlich hier
aufwachsen würde. „Der Mietpreis ist so natürlich vollkom-
men undiskutabel. Das sehen Sie hoffentlich selber ein. Ich
schlage vor, daß wir hier erneuern, was notwendig ist - und
das ist eine ganze Menge - und die Kosten langfristig mit der
neu festzusetzenden Miete verrechnen. 50 zu 50, meinetwegen, oder zu einem etwas geringeren Satz, wenn die Besitzerfamilie auf die Einkünfte angewiesen ist. Wir können da entgegenkommen; natürlich sollten wir dann schon auf mindestens zehn Jahre festschreiben. Sprechen Sie mit den Leuten,
und rufen Sie uns an. Bis 14.00 Uhr, ja? Dann können wir
noch mit heutigem Datum einen Vorvertrag machen. Ist das
ein faires Angebot?"
Der Makler schnappte nach Luft.
„Ich weiß nicht, ob ich so schnell... möglicherweise ist niemand zu Haus, und mein Büro..." machte er den kläglichen
Versuch einer Gegenwehr. Tango griff wieder ins Geschehen ein. Auch das hatten sie geprobt.
„Dann mache ich folgenden Vorschlag: wir fahren jetzt zusammen zu den Leuten hin und bieten ihnen einen vernünftigen Kaufpreis bar auf die Hand, dann gehört die Burg uns,
und wir können machen, was wir für nötig halten. Kommen
Sie!"
Der Makler wehrte sich mit Händen und Füßen.
„Ich will ja gern alles versuchen, was menschenmöglich ist",
beteuerte er. „Bis 14.00 Uhr? Das ist sehr, sehr hart, meine
Herrschaften!"
„Wieso?" wunderte sich Babett. „Es ist doch Ihr Job, dieses
Haus zu vermitteln! Die Eigentümer sind ebenfalls scharf
darauf, und wir haben ein gewisses Interesse gezeigt - wenn
dann drei volle Stunden nicht genügen, frage ich mich, wieviel Zeit Sie für ein Mehrparteienmietshaus in der Vorstadt
brauchen! Beeilen Sie sich, mein Lieber! Um fünf nach zwei
starten wir ins Bergische, wo es ein paar hübsche Landsitze
zu besichtigen gibt!"

Der entnervte Makler strebte heftig nickend hinaus. Sie folgten ihm bis auf die Freitreppe und sahen, wie er in seinen großen, teuren Wagen stieg und davonfuhr. Auf der falschen Straßenseite und im falschen Gang.

„Das dürfte geklappt haben", kommentierte Tango seinen Abgang. „Es geht doch nichts über eine saubere Regie und die richtige Rollenverteilung. Ich glaube, es kann ganz hübsch werden in diesem historischen Gemäuer!"

„Sollten wir es doch nicht gleich kaufen?" erwog Babett. „Die Stützungsbeträge der Bundesregierung stehen noch aus..."

„Später vielleicht, Liebste!" sagte Günter Wagner und nahm sie in den Arm. „Vorerst ist es steuerlich günstiger, zu mieten. Wir werden ohnehin allerhand für den Umbau bezahlen müssen, damit es so wird, wie wir es brauchen und wünschen."

„Und wer macht den Umbau?" fragte Tango und blickte sich auf der Straße um, die von hohen Bäumen gesäumt einige hübsche, alte Villen hinter distanzierendem, teilvergoldetem Schmiedeeisen verbarg.

„Paul aus Gera. Er ist mit mir zusammen herübergekommen und sitzt über seiner Diplomarbeit", ließ sich Willmuth überraschend vernehmen. Er war wortlos durch das große Haus gestapft und hatte bei der Einschüchterung des Maklers keine Rolle zu spielen gehabt.

„Dann kann er doch keine Wände einreißen und Fußböden verlegen!" wandte Grischa ein. Willmuth winkte ab.

„So etwas macht er schon lange nicht mehr selbst. Er hat einen Trupp polnischer Bauarbeiter mitgebracht, die er schwarz vermietet. Damit finanziert er sein Studium. Konkurrenzlos preiswert. Ich rede mit ihm."

„Braucht man dafür nicht Baupläne und statische Berechnungen?"

„Nicht Paul. Er hört sich unsere Wünsche an, dann sagt er seinen Spezialisten: Hierhin eine Mauer aus 24er Blocksteinen, dort einen zwölfer Balken - und dann wird das so gemacht."

„Und das hält?"

Willmuth nickte nur stumm. Mit Paul teilte er eine tiefe Abneigung gegen Behörden und Reglementierungen und umständliche Pläne. Die anderen zuckten mit den Schultern. Wenn Willmuth jemanden so ausführlich empfahl, mußte er von ihm überzeugt sein.

„Eigentlich war ich nicht in den Westen gegangen, um hier eine polnische Schattenwirtschaft aufzubauen", meinte Grischa und zog die Tür des Hauses hinter sich ins Schloß. „Aber so sehr weit davon entfernt ist unser Linsenverband auch nicht. Ruf' Paul an, Willmuth, sobald wir dieses Bauwerk rechtsverbindlich gemietet haben! Es kann sich ja jetzt nur noch um Stunden handeln!"

*

Daddy Rethlevsen saß auf dem Sofa, lauschte „Frohen Klängen aus Südwest" im Radio und begrüßte Tango und Babett freundlich nickend.

„Das Linselchen hat ein bißchen herumgeknört", berichtete er. „Ich hab' ihr das Fläschchen gegeben und sie schlafengelegt."

„Danke, Daddy! Wir haben ein Haus!"

„Oh? Ist es groß?"

„Sehr groß."

„Ich meine... wenn sich da ein Eckchen für mich fände, würde ich gern mit einziehen. Versteht mich nicht falsch, ich möchte euch nicht zur Last fallen. Aber ich habe mich so an euch gewöhnt, und wenn ich mir vorstelle, ich säße wieder allein hier..."

„Sie haben uns in Zeiten der Not aufgenommen und uns immer geholfen, Daddy. Da ist es selbstverständlich, daß wir auch jetzt zusammenbleiben. Sie kriegen das schönste Dachzimmer! Was ist das für ein unmäßig dickes Paket dort?"

„Ach, ja - das hat der Kurt abgegeben. Es wären die neuen Zeitungen. Aber da wir ohnehin in Zeitungen ersticken, habe ich es noch gar nicht aufgemacht."

„Aber, Daddy! Das ist doch unser eigenes Presse-Erzeugnis!"
Babett riß das Packpapier auseinander. Triumphierend hob
sie das erste Exemplar des „Linsen-Kurier" ans Tageslicht.
„Laß' mal sehen!" Tango nahm sich auch eine Zeitung. „Es
interessiert einen doch immer, was man so gemacht hat. Die
Titelseite ist schon mal gut!"
Auf der ersten Seite prangte Günter Wagners Aufmacher-
Artikel unter der hinreißenden Überschrift „Hülsenfrüchte
sind volksgesund!" Daneben hatte Tango eine kritische Glosse
gesetzt, die zu mehr Qualität und größerer Vielfalt bei Fertig-
gerichten aufrief und dazu die Linse pries. Am Fuß der Seite
prangte eine Zeichnung, die einen Bauern mit der Mistgabel
darstellte, der gerade einen voll bewaffneten Krieger davon-
trieb. Ursprünglich für einen ganz anderen Zweck angefer-
tigt und abgedruckt, hatte sie aus Tangos Feder eine neue
Bildunterschrift bekommen, die Unterstützungen für die notleidenden Linsenbauern forderte und anderweitige Ausgaben
der Regierung als unnütz geißelte.
Babett war schon weiter.
„Steuern kürzen - ganz legal!" murmelte sie. „Dreitausend
Jahre Linsensuppe." Verwundert schüttelte sie den Kopf. „An-
bauprobleme? Frag' die Kammer! Auf dem Felde des Rechts.
Da lacht der Landwirt. EDV hilft vermarkten. Feierabend-
rätsel. Neues fürs Bücherbrett. So kocht die Landfrau. Aus
den Verbänden. Die Chancen steigen, sagt der Minister."
Langsam wandte sie sich Tango von Dahlen zu, die sich ge-
rade in ihrem eigenen Artikel „Linsen à la surprise im Espla-
nade" festlas.
„Das ist aber ein schlimmes Blatt geworden!" sagte sie leise.
„Findest du? Dann ist es gut."
„Wieso?"
„Weil wir damit ins Gespräch kommen. Viele unserer Mitglieder werden applaudieren, weil wir in ihr Horn tuten. Warte,
bis die anerkennenden Dankesbriefe kommen!"
„Einstweilen hat noch niemand die Zeitung. Wie willst du sie
versenden?"

„Mit der Post natürlich. Irgendwo müssen die Umschläge liegen. Wenn du die Adressen tippst, will ich die Zeitungen gern eintüten und die roten Zettelchen „Eilige Pressesache - sofort zustellen!" draufkleben."

Kopfschüttelnd holte Babett ihren Karteikasten mit den Mitgliedern vom Küchenschrank.

„Kann ich etwas helfen?" fragte Daddy Rethlevsen. Immerhin ging es um Post, und das war sein Metier gewesen.

„Wenn Sie die Umschläge zuklammern, Daddy? Ein Schächtelchen mit Klammern liegt im Bad."

„Wieso im Bad?"

„Ich habe sie zusammen mit Zahnpasta und indischer Blumenseife im Supermarkt gekauft und alles dorthingelegt. Keine Sorge - sie sind garantiert rostfrei!"

Babett hieb in die Tasten und übertrug die Adressen auf eine Rolle mit Aufklebern. Tango tütete die Zeitungen ein, und Daddy Rethlevsen zwickte die Klammern in die Umschläge. Grischa kam herein.

„Ihr arbeitet? Ausgezeichnet." Er nahm sich ein Exemplar und überflog es.

„Nicht übel. In der nächsten Ausgabe müssen aber mehr Bilder sein. Hauptgeschäftsführer G. Costers im Gespräch mit dem Wirtschaftsminister. Präsident Rethlevsen beim Empfang einer indonesischen Delegation. Frau von Dahlen, Deutscher Linsenverband, die strahlende Königin des Presseempfangs in Schloss Charlottenburg. Wer liest denn heute noch, wenn ihm ein Bild das Nötigste vermittelt? Ich werde einen fähigen Photographen auftreiben, den solche Bilder machen kann. Übrigens können wir Paul bescheidsagen, daß seine Polen anfangen sollen."

„Großartig! Dann sind wir noch vorm Winter drin!"

„Sicher. Überlegt schon einmal ein paar Gags für die House warming party, die wir unseren Mitgliedern und Gönnern geben werden! Ich möchte, daß die Welt aufhorcht!"

*

Wieder einmal in Bonn, saß Willmuth einem leibhaftigen Ministerialrat gegenüber, der sich seinem Dienst am Vaterland in einem neuzeitlich und somit zum Gähnen langweilig eingerichteten Büro des Landwirtschafts- und Forstenministeriums hingab. Es hatte sich als notwendig erwiesen. daß Willmuth für seine Doktorarbeit einige Zahlen aus dem Bereich der Maisproduktion und des Gerstenanbaues besorgte, und kühn, wie er nun im Besitz des roten Sportwagens war, hatte er sich einfach auf den Weg in das Bonner Restministerium gemacht.

Er trug sein Anliegen vor, wurde von Herrn Schaufelberg wohlwollend angehört und mit gelegentlichem Kopfnicken kommentiert. Als er schwieg, weil er alles gesagt hatte, was ihm eingefallen war, stieß Schaufelberg eine mächtige Rauchwolke aus und sprach: „Die Zahlen können Sie kriegen, mein Verehrtester. Haben wir alle im Computer, und meine Sekreteuse kann sie Ihnen ausdrucken." Er rief die ältliche Dame über eine Sprechanlage herein und gab ihr den entsprechenden Auftrag. „Aber was mich an der Sache außerdem interessiert: Sie haben mir da etwas vom Deutschen Linsenverband erzählt. Von den Brüdern habe ich seit Tagen einen Antrag auf Stützungsbeträge auf dem Tisch. Und nicht gerade einen bescheidenen Antrag." Er führte die Zigarre zum Mund und stieß abermals eine Wolke aus. „Wie viele Mitglieder haben Sie eigentlich?"

„Ach - ein paar Hundert. Ich weiß das nicht so genau, denn es werden täglich mehr."

„Aber so viele linsenanbauende Betriebe gibt es doch gar nicht!"

„Natürlich nicht. Wir haben auch verschiedene Vereinigungen und Verbände korporativ aufgenommen. Und da nach Ziffer 16 der Vergaberichtlinien die Verbandsarbeit gefördert werden soll, wäre das bei der Entscheidung und Bemessung der Beihilfen wohl zu berücksichtigen. Ich habe unseren Antrag übrigens selber formuliert", erklärte Willmuth bescheiden. Die Dame, von Schaufelberg völlig unberechtigt als Sekreteuse bezeichnet, kam lautlos herein und legte ein paar Computerausdrucke auf den Tisch. Schaufelberg nahm sie erst einmal an sich.

„Na, schön!" sagte er und stand auf. „Darüber wird noch zu reden sein. Ich möchte aber noch etwas anderes mit Ihnen besprechen, und ich denke, das machen wir nicht hier. Sie haben doch einen Moment Zeit? Kommen Sie mit!"

Verwundert folgte ihm Willmuth aus dem Dienstzimmer hinaus, die Treppe hinunter und in eine schwarze Dienstlimousine hinein, deren Fahrer ihn ausdruckslos musterte.

„Zur roten Rita, Herr Schneider!" befahl Schaufelberg, und schon glitt der Wagen aus dem Hof und schlug den Weg in die Bonner Innenstadt ein.

„Sie kennen Rita?" fragte Schaufelberg paffend.

„Leider noch nicht!"

„Sehr anständiges Lokal. Für gewisse vertrauliche Unterredungen viel besser geeignet als unser Haus. Die Atmosphäre, wissen Sie! Man ist mehr unter sich!"

Der Weg war kurz. Dann hielt der Wagen vor dem dezent beleuchteten Eingang in einer Jugendstilfassade. Eine zierliche Leuchtschrift verkündete, daß man hier bei Rita sei.

„Ich brauche Sie heute nicht mehr, Herr Schneider!" wurde der Fahrer verabschiedet. Schaufelberg drückte auf einen diskret angebrachten Klingelknopf. „Sie können natürlich nicht jeden hineinlassen!" erklärte er. Ein Fensterchen tat sich in der Tür auf. „Ach, der Jupp!" sagte eine Stimme, und dann konnten sie eintreten. Im Vorraum kümmerte sich ein muskulöser Mensch um sie und ihre Aktentaschen. In den anschließenden Räumlichkeiten, die mit angenehmen Clubsesseln an runden Tischen unter dezenter Beleuchtung ausgestattet waren, begrüßte sie eine schlanke, ausgezeichnet erhaltene Fünfzigerin mit brennend rotem Haar. Schaufelberg bekam einen liebevollen Klaps auf die Wange.

„Na, alter Sünder?" sagte sie mit rauchigem Alt, „geht's dir wieder gut? Ein lauschiges Eckchen für euch beide?"

Sie führte Schaufelberg und Willmuth zu einer reservierten Nische.

„Rita weiß doch, was Männer mögen!" lächelte sie Willmuth an.

„Erst mal was zu trinken!" orderte Schaufelberg und ließ sich schwer in den Sessel fallen. „Das Übliche! Sie doch auch, Übermut?"

Willmuth nickte. Ob das Übliche hier ein blondes Callgirl mit Champagner war oder Kaffee mit Kokain, würde sich herausstellen. Er sah sich vorsichtig um. Durchweg seriöse Herren und attraktive Damen, fröhliche Runden und einsame Männer, die nach des Tages Last hier offenbar Entspannung und Geselligkeit suchten. Es kamen zwei große Krüge auf den Tisch, in denen es verdächtig schäumte.

„Prost, Kleinmut!" sagte der Ministerialrat. Willmuth trank vorsichtig. Es schmeckte nicht übel. Schwerer Rotwein, mit Champagner munter gemacht?

„Die Sache ist die, Verehrtester, daß auch ich ein paar Daten brauche. Für eine Studie, von höchster Stelle angeregt und ziemlich wichtig für mich. Aber wir müssen das strikt voneinander trennen, verstehen Sie? Ich bin ein korrekter Beamter. Deshalb habe ich auch im Ministerium davon kein Wort geäußert. Wir reden jetzt mal nicht von den verdammten Stützungsbeträgen, klar?" Er nahm abermals einen tiefen Schluck aus dem Krug. „Strikt trennen!"

„Einverstanden", nickte Willmuth.

„Was ich brauche, sind die Produktionsangaben und die Umsatzprojektionen auf die Außenzölle, die Sie in Ihrer Arbeit aufführen."

„Für Hülsenfrüchte allgemein?"

„Quatsch! Brau- und Futtergerste, grüne und gelbe Erbsen."

„Ich weiß nicht..."

Schaufelberg wischte den Einwand mit einer Handbewegung weg, daß darüber fast ein Krug vom Tisch flog. Er fing ihn kurz vorm Umkippen ein und trank ihn leer.

„Fritz!

Fritz erschien und tauschte den leeren gegen einen vollen Krug. Willmuth reagierte auf den fragenden Blick mit einem leichten Schütteln des Kopfes.

„Bring' auch was zu essen, Fritz! Kleine Platte. Häppchen oder so. Du weißt schon!" orderte Schaufelberg. Und zu Willmuth: „ Brauch' ich aber. Habt ihr doch alles, Hellmut!" Willmuth nickte.

"Sicher. Könnte ich besorgen."

„Na, also!" Schaufelberg bemerkte mit Vergnügen, daß er wieder etwas zu trinken hatte, und ließ es sich mit einem tiefen Zug schmecken. „Wann kann ich's haben?"

„Wenn ich die Zahlen morgen aus den Unterlagen zusammenstelle - da ist der Assistent nicht da, und ich habe die Schlüssel - übermorgen. An Ihre Dienststelle?"

„Bist du wahnsinnig, Hochmut?" Er fingerte in seiner Weste, brachte eine Karte zutage und drückte sie ihm in die Hand. „Das ist meine private Adresse. Geht niemanden was an, woher ich die Zahlen habe! Alles säuberlich getrennt, weißt du?" Er labte sich abermals aus seinem Krug. Fritz kam mit einen kleinen Platte und servierte Tellerchen und Messer und Gabeln. Schaufelberg nahm sich ein paar Langustenschwänze und Kaviarschnitten und machte eine einladende Handbewegung.

„Nimm' dir, Edelmut! Ist genug da!" Fritz bekam den Krug, der schon wieder leer war. Schaufelberg rülpste. Seine Augen waren schon wässrig. „Hat alles nichts zu tun mit den Stützungsbeträgen! Klar?" Er nahm Fritz den frischen Krug aus der Hand und trank. Dann beugte er sich vertraulich vor. „Kriegst sie aber! In voller Höhe, und mit vierteljährlicher Zuteilung. Und übermorgen kommen meine Zahlen. Hat überhaupt nichts damit zu tun!"

Willmuth spürte die Wirkung des höllischen Getränks. Er häufte sich noch ein paar Häppchen mit Shrimps und Krebsfleisch auf den Teller, die Shrimps links und die Krebse rechts. „Immer säuberlich trennen!" murmelte er verträumt. Schaufelberg machte runde Augen. Dann prustete er plötzlich los, daß ein Stückchen Languste aus seinem Mund haarscharf an Willmuth vorbeiflog und an der Gobelintapete hängenblieb. Er schlug mit beiden Fäusten voll Vergnügen auf den Tisch. Fritz blieb mit zwei neuen Krügen abwartend stehen, bis sich Schaufelberg allmählich wieder beruhigte. Sein Bauch hüpfte noch immer in einer Art Nachbeben des Heiterkeitsausbruchs, als er mit hochrotem Gesicht wieder Luft holen konnte.

„Darauf müssen wir trinken!" schrie er. „Du verstehst mich, Kleinmut! Ich mag dich, du! Prost!"

*

„So lange ist Willmuth aber selten unterwegs!" sorgte sich Tango. Sie saßen zusammen und berieten die Ausgestaltung des neuen Verbandssitzes, nachdem Paul mit seinen Polen schon beträchtliche Teilerfolge erzielt hatte.

„Wohin wollte er denn überhaupt?" fragte Babett und wiegte Anna Linse in den Schlaf.

"Nach Bonn."

„Ich glaube, er kommt!" meinte Grischa und hielt den Kopf schief, weil er so besser zu hören glaubte. „Das ist unverkennbar das Triebwerk seines roten Abfangjägers."

Das Geräusch erstarb, unten ging die Tür, Willmuths schwere Schritte kamen herauf, und dann stand er leicht schwankend in der Tür und hielt sich am Pfosten fest.

„Also, die Stützungsbeträge... die kriegen wir! Prost!" Seine Augen waren etwas glasig. Tango klopfte neben sich auf das Sofa, so wie man einen Schäferhund zum Sitzen einlädt.

„Setz' dich erst einmal, Lieber, und dann noch einmal langsam, zum Mitschreiben!"

Willmuth ließ sich aufs Sofa plumpsen, so daß Daddy Rethlevsen auf der anderen Seite in die Höhe flog.

„Mann", stöhnte Willmuth, „an der frischen Luft, im offenen Auto ging es ja noch einigermaßen. Aber... kann ich einen Kaffee kriegen?"

„Ich mache dir einen Mokka", versprach Tango, „wenn du uns allgemeinverständlich darlegst, wieso wir Stützungsbeträge kriegen, von wem, und wieso du dadurch in diesen Zustand geraten bist!" Sie stand auf und machte sich am Herd zu schaffen.

„Du warst also in Bonn?" wagte Grischa ihn anzusprechen.

Willmuth nickte, behielt jedoch seinen verschleierten Blick.

„War in Bonn. Bei der roten Rita. Burgunder mit Champagner gemischt."

Tango servierte ihm den Mokka mit umwölkter Stirn. Willmuth griff einmal daneben, dann bekam er die Tasse zu pakken und trank. Der pechschwarze Trank fuhr ihm wie ein Blitz in die Glieder.

„Oh, verdammt! Was hast du da hineingetan, Tango?"

„Kaffee."

„Kaffee?"

„Ja. Du erinnerst dich? Dieses dunkelbraune Pulver. Man gewinnt es, glaube ich, aus Kaffeebohnen."

„Schmeckt eher nach Nitroglycerin mit einem Schuß Dynamit."

„Hauptsache, es hilft. Wer ist die rote Rita?"

Willmuth bekam einen Schluckauf und erschütterte das ganze Sofa samt seinen Insassen.

„Das wäre ja alles...nicht so schlimm...geworden, wenn ich nicht an diesen verdammten Schaufelbagger geraten wäre!"

„In Bonn? Wie ist es passiert? Aber dein Auto ist doch noch fahrbereit? Hast du dich sehr verletzt?" fragten nun alle entsetzt durcheinander. Willmuth blickte verständnislos.

„Wieso verletzt? Ich besorge ihm ein paar Zahlen, und wir kriegen die Stützungsbeträge. Der alte Schaufeldampfer trennt das alles säuberlich. Hat er mir bei der roten Rita versprochen. Und Mann ist Mann. Oder ein Wort!" Noch einmal mußte er aufstoßen. Den anderen dämmerte allmählich, daß er nicht mit einem Gerät zum Erdaushub zusammengestoßen war; sondern mit einem offenbaren Trunkenbold gleichen oder ähnlichen Namens.

„Du versorgst ihn mit irgendwelchem Zahlenmaterial, und dafür zeigt er sich mit Stützungsbeträgen erkenntlich?" fragte Grischa eindringlich, aber Willmuth schüttelte den Kopf. „Nein, nein. Das hat nichts miteinander zu tun. Wie der Kaviar und diese kleinen Hummerschwänzchen. Schaufelstiel ist ein korrekter Beamter."

„Wenn wir ihm noch einen Mokka einflößen, stirbt er uns unter den Händen", meinte Tango. Willmuth hatte die Augen geschlossen. „Andererseits möchte ich wissen, wer die rote Rita ist!"

„Bring' ihn zu Bett, Tango!" rief Babett. „Siehst du nicht, daß er sich im Dienst des Linsengedankens völlig aufgeopfert hat?"

Tango blickte ihren Verlobten an. Dann stand sie auf, zog ihn im Polizeigriff hoch und bugsierte ihn zur Tür. Als sich die Tür hinter den beiden geschlossen hatte, sagte Rethlevsen: „Merkwürdig! Der Mokka scheint nicht geholfen zu haben. Bei uns im Schalterdienst war Alkohol ja streng verpönt, aber wenn wir in der Packkammer einmal den Geburtstag eines Kollegen gefeiert haben, hat Mokka immer geholfen!"

„Vermutlich war er zu stark. Dann hat er bei manchen Leuten eine einschläfernde Wirkung." Grischa hatte seine Erfahrungen zwar nicht bei der Post gesammelt, aber mit Wodka und der Notwendigkeit, am anderen Morgen wieder am Aufbau des real existierenden Sozialismus mitzuarbeiten. Tango tauchte wieder auf.

„Na, schläft er?" fragte Babett und legte ihre Tochter einstweilen auf dem Sofa ab.

„Ich hoffe, daß er nicht allzu schlimm träumt. Er hat mir gerade noch gestehen können, daß die rote Rita ein verschwiegenes Ministerialen-Lokal in der Bonner Innenstadt ist, wohin ihn dieser Schaufelstiel verschleppt hat. Den hat er in der Obhut dieser rothaarigen Barfrau zurückgelassen, die das offensichtlich gewohnt ist."

„Welch' ein Abenteuer, für den Deutschen Linsenverband zu arbeiten!" mokierte sich Grischa. „Burgunder mit Champagner - das grenzt an Körperverletzung! Das bringt mich übrigens auf Günter. Hat er noch nichts von sich hören lassen?"

Günter Wagner war schon vor Tagen zu einer Art Missonsreise in die Neuen Bundesländer aufgebrochen, um für die Linse zu werben. Babett griff hinter sich, wo eine Ansichtskarte am Küchenschrank stak.

„Er meldet überwältigende Erfolge aus einem Ort namens Leuwitz. Den habe ich nicht einmal gekannt, als ich dort noch lebte."

„Hat er da etwa neue Mitglieder geworben?"

„Das ist nicht auszuschließen. Da er aber auch von Doppelzentnern schreibt - wieviel, ist durch den Poststempel unleserlich geworden - steht zu befürchten, daß er in den Linsen-Samen-Handel eingestiegen ist."

„Na, sicher doch!" nickte die praktische Tango. „Wie soll er Mitglieder werben, wenn er keine Linsen anbieten kann? Unsere ehemaligen LPG-Bauern haben doch nischt!"

„Großer Gott!" stöhnte Grischa. „Das läuft doch auf die Gründung einer Linsen-Handelsgesellschaft hinaus! Und ich dachte, wir wären das Kroppzeug endgültig los!"

*

„Es sieht noch ein bißchen kahl hier aus!" bemängelte Tango und blickte sich in ihrem neuen Büro um. Grischa Costers ließ seine Augen wohlgefällig auf den modernen Möbeln ruhen, die am Vortag geliefert worden waren. Die Pressestelle und Redaktion des „Linsen-Kurier" konnte sich sehenlassen. „Ist das alles schon Post für mich?" fragte Tango und wies auf zwei Stapel, die ihren ansonsten leeren Schreibtisch schmückten.

„Bewerbungen", erklärte Grischa. „Wir hatten ja wegen einer Verbandssekretärin inseriert, für einen Hausmeister und eine Köchin und Hausbesorgerin. Ich hab' sie schon einmal vorsortiert. Lauter absolute Spitzenkräfte, die lediglich aufgrund tragischer Umstände, rein zufällig oder durch den Zusammenbruch ihres bisherigen Unternehmens frei sind. Besonders bei den Sekretärinnen ist alles auf dem Markt, was man sich nur wünschen kann. Bis hin zum Versprechen aufmerksamer bis intimer Betreuung sogar auf Auslandsreisen!" Tango blätterte durch die Bewerbungen und steckte sich eine Zigarette an.

„Die künftigen Aschenbecher in der Redaktion könnten aus Achat sein oder aus Onyx. Auch über schwarzen Marmor lasse ich mit mir reden", sagte sie. Grischa schob ihr den Deckel einer Farbdose hin.

„Na?"

„Allenfalls diese hier", sagte Tango. „Lotti Koch. Genauso sieht sie aus. Unprätentiös bis sportlich. Jung und geschieden, also erfahren und reaktionsschnell. Schließlich behauptet sie nicht nur, daß sie Englisch und Italienisch kann, sondern schreibt die beiden Absätze so, wie man in London beziehungsweise Mailand spricht. Habe ich ein Telefon?"

Grischa schob ihr den modernen Apparat mit den vielen Knöpfen zu.

„Wenn du den weißen Knopf drückst, hast du ein Amt."

„Und der rote? Katapultiert mich dann ein Schleudersitz in den Park?"

„Nein. Dann ertönt ein melodisches Glockenzeichen in meinem Büro und zeigt mir an, daß mich meine PR- und Pressechefin direkt und unter Umgehung der Telefonvermittlung sprechen will."

„Und was ist mit den fünf grünen?"

„Das wissen wir noch nicht."

„Zauberhaft." Sie drückte den weißen Knopf und dann die Rufnummer der favorisierten Lotti Koch. Grischa beobachtete amüsiert, wie Tango zunächst sachlich und kühl mit der Kandidatin sprach, dann aber mehr und mehr in einen kameradschaftlichen Ton wechselte und sich schließlich sehr herzlich von ihr verabschiedete. Zu Grischa meinte sie triumphierend: „Na? Was hab' ich gesagt? In einer halben Stunde ist sie hier!"

„Warum nicht?"

„Es gibt eine Menge Leute, die sich irgendwo bewerben und dann erst einmal vierzehn Tage nach Spanien fliegen!"

„Also heißt unsere neue Sekretärin wohl Lotti Koch", nickte Grischa und erhob sich. „Ich bin in meinen Amtsräumen. Wenn du mit ihr einig wirst, kannst du mich ja rufen. Mit dem roten Knopf!"

Tango war schon über den Bewerbungen der Köchinnen. Der Stapel war nur klein, das Angebot deprimierend. Sie fürchtete, bei der Stadtküche abonnieren zu müssen, als ihr Blick auf ein Stück kariertes Briefpapier mit altmodischen Schriftzügen fiel.

„Werte Firma", begann die Bewerbung, „möchte mich höfl. auf Ihre gesch. Stellenanzeige bewerben. Unterlagen habe ich keine, weil ich bis vor Kurzem drüben gelebt habe und Hals über Kopf davon bin, als ich tschechisch werden sollte. Beherrsche aber die böhm. Küche und war sie bei höchsten Herrschaften anerkannt, von den Kadern der Partei bis zum Ordenskapitel des Hl. Nepomuk in Karlovy Vary, das ich zuletzt bekocht habe. Wenn Sie mich frdl. in Betracht ziehen mögen, komme ich und koche zur Probe. Hochachtungsvoll Swoboda Katharina, hierselbst."

Tango las den Brief noch einmal. Konnte es denn sein? Eine echt böhmische Köchin, auf dem freien Markt zu haben? Entschlossen drückte sie alle Knöpfe ihres Telefons. Eine Reihe von Lichtern ging an, und das Gerät stieß einen Pfeifton aus. Grischa stürzte ins Zimmer.

„Brennt's? Wo?"

„Nichts brennt. Setz' dich in den Wagen, und sichere uns diese Köchin!"

Grischa nahm den Brief und überflog ihn mit zusammengekniffenen Augen. Dann warf er sich herum und stürzte hinaus.

Kaum, daß er verschwunden war, erschien Lotti Koch. Tango betrachtete sie prüfend, als sie ihr das schwere Portal öffnete. Verwaschene Jeans, dunkelblauer Pulli und ein makellos weißer Hemdkragen. Daß sie dazu nicht etwa Schuhe trug, wie sie früher nur der Ausübung des Tennissports gedient hatten, rechnete ihr Tango als weiteren Pluspunkt an.

„Ich bin Tango von Dahlen. Kommen Sie herein!"

Lotti betrat ihre zukünftige Wirkungsstätte ohne Scheu und blickte sich um.

„Wir sind gerade erst eingezogen", erklärte Tango. „Vor allem mit der Elektronik komme ich noch nicht ganz zurecht. Kennen Sie sich damit aus?" Sie öffnete einen Schrank, der eine komplette EDV verbarg. Lotti Koch verzog den Mund.

„Ich habe zuletzt als Computertippse bei einer Sachversicherung gejobbt, inclusive Textverarbeitung. Bis ich anfing, in Microsoft zu träumen. Was habe ich sonst noch zu tun?"

„Eigentlich alles, wozu wir keine Zeit oder keine Lust haben. Korrespondenz, Pressearbeit, Postversand. Arbeitszeit irgendwie zwischen morgens und abends, manchmal auch länger, manchmal aber auch nicht."

„Und für wen muß ich arbeiten? Für Sie?"

„Hauptsächlich. Unsere Herren werden vielleicht mal einen Brief diktieren oder einen Artikel - und für die internen Sachen und die Buchführung ist Frau Wagner zuständig. In unserem Alter und neuerdings im Besitz einer Tochter."

„Muß ich auch Kaffee kochen und so? Und wenn ja, wo steht die Maschine?"

„Kaffee kochen?" Tango hatte keine Ahnung, was in westdeutschen Büros alles zu den Aufgaben einer Sekretärin gehört. „Wieso?"

„In meinem letzten Job mußte ich nicht nur Kaffee kochen, sondern auch die Yuccapalme gießen, dem Chef das Frühstücksbrötchen schmieren und nach vertraulichen Sitzungen die Gläser spülen. Als er meinen Service dann auch für seinen Intimbereich haben wollte, bin ich lieber in den EDV-Saal gewechselt. Man kann gegen diese Blechkästen sagen, was man will, aber sie interessieren sich wenigstens nicht dafür, ob man einen BH trägt und was man abends vorhat!"

„Das alles dürfte hier weitgehend entfallen", wehrte Tango ab. Sie würde schon dafür sorgen, daß Willmuth dieser zufriedenstellend entwickelten Weiblichkeit nicht zu nahekam. Aber Lottis Bemerkung hatte ihr Lust auf Kaffee gemacht.

„Für den Kaffee werden wir eine Köchin haben", sagte sie. „Unser Hauptgeschäftsführer ist gerade davongerast, eine einzufangen. Wollen wir uns ausnahmsweise eine Tasse aufschütten? Unten muß eine Küche sein!"

Lotti Koch, die schon eine ausgesprochene Sympathie für Tango und den ganzen Laden empfand, nickte, und sie gingen ins Souterrain hinunter. Die Küche war nicht wiederzuerkennen. Die Steinquadern des Bodens waren geblieben und auch die Gewölbe. Aber da hinein hatte Paul mit seinen polnischen Spezialisten eine hochmoderne Küche eingefügt, die alles bot, wovon eine Köchin nur träumen konnte. Tango zog wahllos einige der kugelgelagerten Schranktüren auf und fand eine Kaffemaschine, die automatisch herausfuhr.

„Sagen Sie, Frau von Dahlen - Linsenverband? Hat das etwas mit Fernrohren und Astronomie zu tun?" fragte Lotti und tat Kaffee in die Maschine.

„Überhaupt nicht. Mögen Sie Linsensuppe?"

„Ach, sowas? Na, wenn ein Würstchen darin schwimmt..."

„Für die Würstchen sind wir nicht zuständig, aber für die Linsen. Vom Anbau bis zum Import, die Subventionen und die Vermarktung. Vor allem für die Subventionen."

„Aber sonst haben wir mit Linsen nichts zu tun? Ich meine... hier?" Sie umfaßte die Küche mit einer schnellen Handbewegung. Offenbar hielt sich ihre Begeisterung für Linsen, auch mit Würstchen, in sehr engen Grenzen.

„Soweit ich mich erinnere, haben wir die letzten Linsen vor der Gründung unseres Verbandes gegessen", beschwichtigte sie Tango. „Ich möchte beinahe sagen, daß wir den Linsenverband gegründet haben, um endlich von der Linsensuppe loszukommen. Bisher ist uns das auch ganz gut gelungen. Linsen sind scheußlich."

„Ich kann sie nicht ausstehen!"

„Arme-Leute-Gemüse!"

„Billigkonserven!"

„Allenfalls etwas für die Volksküche!" Sie blickten sich an, dann mußten sie lachen, „Sieht so aus, als wäre ich hier richtig!" meinte Lotti.

„Scheint mir auch so. Ich denke, wir machen den Anstellungsvertrag, wenn Grischa Costers zurückkommt."

„Einverstanden, Frau von Dahlen!"

„Quatsch!" widersprach Tango und rutschte von dem Sideboard. „Ich bin für alle hier einfach die Tango. Okay, Lotti?"

„Okay, Tango!" sagte die neue Sekretärin und gab der PR-Chefin des Deutschen Linsenverbands die Hand.

*

„Wonach riecht's denn hier?" fragte Günter Wagner und schnupperte in der weiten, düsteren Halle nach dem verführerischen Duft, der ihm in die Nase stieg. Er war am Nachmittag erst von seiner Tournee durch die Neuen Bundesländer zurückgekehrt und blickte sich verwundert im feudalen Domizil seines Verbands um. Maria von Schnelz-Wahnfeld, die ebenfalls am Nachmittag eingetroffen war, weil sie sich vor der großen Einweihungsparty am Wochenende noch etwas in Köln umsehen wollte, nickte ebenfalls anerkennend.

„Es tut gut, in einem Verband Mitglied zu sein, der in einem so stilvollen Haus residiert. Habt ihr das Anwesen gekauft?" Babett rückte sich Anna-Linse auf dem Arm zurecht und sah neugierig nach der offenstehenden Souterrain-Tür hinüber.

„Vorerst gemietet, aber langfristig und zu sagenhaften Konditionen. Aber warum mußten wir so überstürzt an den Sitz unseres Verbands eilen?" fragte sie. Willmuth streckte den dicken Zeigefinger aus und versuchte, Anna-Linse unter dem kleinen Kinn zu kraulen.

„,Es ist wegen der Köchin", deutete er dunkel an.

„Wir haben plötzlich eine Köchin?" wunderte sich Wagner.

‚Offenbar', nickte Babett. „Wie sollte es hier sonst nach Ge-

sottenem und Gebratenem riechen, wie im alten Märchen?"
Maria von Schnelz-Wahnfeld voran, durchschritten sie die
Halle und begaben sich in den früheren Salon, der jetzt zum
Vielzweck-Kommunikationssaal des Deutschen Linsenverbands geworden war. Der große Tisch war festlich gedeckt;
versteckte, großvolumige Lautsprecher gaben Richard
Claydermans Version der Schicksalssymphonie dezent wieder, und es fehlte nicht einmal an Blumenschmuck. Grischa
trat ein.

„Nehmt Platz, meine Lieben!" sagte er mit einer schwung-
vollen Handbewegung. „Dies ist keine vorgezogene Einweihung, aber ich habe eine echt böhmische Köchin aufgetrieben, die heute abend hier probekocht. Wenn es uns schmeckt,
können wir sie dauerhaft an uns binden. Wo ist Daddy?"

„Er ist unterwegs ausgestiegen, um Blumen zu kaufen."

„Für wen?"

„Ich weiß auch nicht, für wen Daddy jetzt noch rote Nelken
aus dem Automaten zieht. Aber er war der Ansicht, daß man
bei einer Einladung zum Essen ein paar Blumen überreichen
sollte."

Tango betrat das Kommunikationszentrum und zog Lotti
Koch mit sich.

„Hallo!" begrüßte sie die anderen Bandenmitglieder. „Das
hier ist Lotti Koch, unsere neue Verbandssekretärin. Ich habe
sie gleich zum Essen dabehalten, damit sie sich an unsere
unorthodoxen Arbeitszeiten gewöhnt." Sie stellte sie den anderen vor, und in diesem Augenblick betrat Daddy Rethlevsen
die Szene, im dunklen Anzug und frisch gescheitelt. Er wurde sogleich der neuen Sekretärin als Präsident des Deutschen
Linsenverbands vorgestellt. In seiner momentanen Verwir-
rung machte er so etwas wie einen Kratzfuß und drückte Lotti
den Strauß weißer und roter Automatennelken in die Hand.
Dann strebte er zu der neuen Hausbar, um sich Maria von
Schnelz-Wahnfeld bekanntzumachen. Lotti sog den Nelken-
duft in ihre kleine Nase.

„Das ist mir aber auch noch nie passiert", sagte sie leise zu

Tango. „Am Abend der Vorstellung zum Diner eingeladen zu werden, finde ich schon super. Aber auch gleich noch Blumen vom Präsidenten zu kriegen - wo gibt's denn sowas?"
Neben ihnen in der Wand rumpelte es, und Lotti machte einen erschrockenen Schritt zur Seite.
„Das ist nur der Speisenaufzug", beruhigte sie Tango. Es klopfte an der Tür, und rotbäckig und mit einer knatternd weißen Festonschürze über dem wild geblümten Kleid kam Katharina Swoboda herein und lächelte über das ganze, breite Gesicht. Dann deutete sie einen zaghaften Knicks an.
„Bitte scheen", sagte sie in unverkennbar böhmischer Sprachfärbung, „mecht ich servieren, wann's recht ist den Herrschaften!"
Günter Wagner lauschte fasziniert. Er mußte an sich halten, um nicht zu applaudieren. Die Bindungen an die Tschechoslowakei und dabei an die böhmische Küche waren in seiner sozialistischen Heimat doch etwas ausgeprägter gewesen als in der BRD, wo kaum noch jemand ermessen konnte, was eine echt böhmische Köchin ist. In Babett stieg die wohlige Erinnerung an die Tafelfreuden von Gut Leidenau auf. Tango strahlte.
„Darf ich vorstellen?" sagte sie mit heller Stimme in die erwartungsvoll gespannte Atmosphäre des Kommunikationssaals hinein, „das ist Frau Swoboda, die uns heute abend ihr Probemenu serviert. Gewissermaßen ein Gastspiel auf Engagement, wie man beim Theater sagt. Was wird es geben, Frau Swoboda?"
Katharina Swoboda trat mit dem schönen Selbstverständnis einer Meisterin altböhmischer Küchenkunst vor und strich über ihre Schürze.
„Hab' ich gekocht, für Sie, bitte scheen, eine Schwammerlsuppe, dann eine Kalbsbrust gefüllt nach Prager Art, dazu Hefeknödel mit Grieben und gebackenem Lauch, und zum Schluß wird's geben Liwanzen mit Powidl bestrichen und etwas Sahne übergossen."
„Was, bitte, sind Liwanzen?" erkundigte sich Willmuth und

leckte sich die Lippen.

„Liwanzen", sagte Katharina Swoboda und wandte sich schon dem Speisenaufzug zu, „sind Gußdalken, wie sie meine selige Tante in Pilsen immer gebacken hat."

Der erste Gang wurde aufgetragen. Babett kostete. Sie probierte noch einmal. Dann griff sie neben sich, wo sie Anna-Linse kurzerhand auf dem Teppichboden abgelegt hatte, und nahm sie auf. Sie tauchte einen Dessertlöffel in die Suppe, blies kurz darauf und führte ihn dann ihrer Tochter ein. Anna-Linse schmatzte, schluckte und machte das Mündchen sofort wieder auf. Babett gab ihr einen zweiten Löffel voll. Anna-Linse strampelte vor Vergnügen über die böhmische Schwammerlsuppe.

„He!" sagte Babett energisch. „Ich will auch noch etwas davon haben, du feinschmeckerischer Zwerg!"

„Fütterst du das Kind etwa mit Schwammerlsuppe?" fragte Tango entgeistert.

„Wüßtest du etwas besseres?" entgegnete Babett.

Frau Swoboda räumte ab und setzte neue Teller auf. Dann holte sie den zweiten Gang auf Silberplatten mit kupfernen Warmhaltehauben darauf. Grischa und Babett hatten eingekauft, als wollten sie ein Grandhotel ausstatten. Die Stützungsbeträge aus Bonn waren überraschend hoch ausgefallen.

„Was hast du ihr geboten?" fragte Willmuth, als die erste Haube gelüftet wurde und ein unvergleichlicher Duft den Raum erfüllte.

„Dreieinhalb will sie netto. Ich dachte an vier", raunte Grischa. „Biete ihr fünf und binde sie lebenslänglich an uns!" riet Willmuth. Katharina beugte sich zum Ohr des Hauptgeschäftsführers, der sie am Nachmittag erst ihrem vorübergehenden Ruhestand entrissen hatte.

„Vielleicht ist sie nicht so gut, die Kalbsbrust, wie ich könnte", sagte sie entschuldigend. „Müssen bitte verzeihen, aber ich hab' das Kalb nicht persönlich gekannt und aussuchen können bei dem Fleischer, der was scheint nicht ganz auf der Höhe. Probieren's halt, gnädiger Herr!"

Anna-Linse beobachtete mit wachen Äuglein, was ihrer Mutter auf den Teller gelegt wurde. Die böhmische Küche des Deutschen Linsenverbands schien ihr außerordentlich zuzusagen.

*

Sie hatten. es sich, wohltuend gesättigt und voll des Lobes über Katharina Swoboda, in der schwellend gepolsterten Sitzgruppe bequem gemacht und tranken den abschließenden Espresso. Tango schlürfte dazu einen Marillengeist als Huldigung an die neue Köchin, die Grischa fest engagiert hatte, noch ehe sie das Geschirr in die Spülmaschine räumen konnte. Babett nippte Cointreau, während sie ihre Tochter sanft wiegte, und Günter Wagner hatte sich einen alten Cognac geholt. Er drehte den Schwenker genußvoll zwischen den Fingern und blickte in den Kerzenschein auf dem Tisch.

„Wenn ich mich hier so umsehe, haben wir uns gegenüber früher doch merklich verbessert," sagte er in krasser Untertreibung. „Ihr habt ausgezeichnete Arbeit geleistet, während ich mich durch unsere alte Heimat gequält habe. Was heißt: gequält? Geschäftlich war es ein Triumphzug."

„Berichte!" forderte ihn Grischa Costers auf. Günter nahm ein ledergebundenes Notizbuch aus der Tasche.

„Ihr wißt ja, daß ich eigentlich auf Mitgliederzuwachs aus war. Nachdem wir den Verband der Küchen und Kantinen in Justizvollzugsanstalten hinzugewonnen haben und die „Grüne Kochmütze", die sehr einflußreiche Vereinigung alternativer Küchenchefs, erschien es schon aus rein optischen Gründen ratsam, auch die neuen Bundesländer in unsere Verbandsarbeit einzubeziehen."

„Gut gesagt!" lobte Grischa. „Sie haben dich nicht gesteinigt?"

„Ich spreche nach wie vor ein ausgezeichnetes Sächsisch und galt daher fast als Einheimischer", erklärte Günter. „Im Gegenteil - ich bin stellenweise wie ein Messias empfangen worden. Stellt euch das doch nur vor: da haben sie nun die LPGS aufgelöst und sitzen auf der deutschen Scholle und wollen produzieren, aber plötzlich finden sie sich unter Kuratel der Europäischen Gemeinschaft und stoßen überall an Kontingentgrenzen und Produktionseinschränkungen und Vermarktungsrichtlinien, von denen sie bisher keine Ahnung hatten.''

„Traurig, traurig!" nickte Costers.

„Deshalb fanden meine Vorträge durchweg ein überwältigendes Echo. Man hätte mir die Linsen aus der Hand gerissen, wenn ich welche gehabt hätte. So blieb mir nur, die wackeren Landleute erst mal in den Deutschen Linsenverband aufzunehmen und ihnen Linsen zu versprechen. Das war der Preis für... Moment... siebenhundertdreiundsechzig neue Mitglieder!"

Triumphierend blickte er in die Runde. Grischa hatte die Hände vors Gesicht geschlagen.

„Das freut dich etwa nicht, Grischa?" fragte Günter. Grischa sah auf.

„Woher soll ich diese Tonnen von Linsen-Saatgut nehmen? Woher die Organisation zur Verteilung? Menschenskind - davon haben wir doch keine Ahnung! Ganz abgesehen davon, was unsere Mitgliedsfirmen der Importeure sagen, wenn wir ihnen hier eine einheimische Linsenkonkurrenz aufbauen! Du siehst mich verzweifelt!"

Maria von Schnelz-Wahnfeld räusperte sich.

„Das mit der Konkurrenz könnte hinkommen", bestätigte sie.

„Wieso?" fuhr Grischa herum.

„Mit unserer ersten Linsenernte wären wir fast in Teufels Küche gekommen", berichtete sie. „Die ist nämlich wider alle Erwartungen hervorragend. Ich hab' damals gedacht, was kommt es darauf an, und hab' den Hausmann losgeschickt, ein bißchen Saatgut zu organisieren. Natürlich gab es weit und breit nichts. Also ist er in den nächsten Supermarkt und hat da den gesamten Bestand an Haushaltslinsen aufgekauft. Normale und Delikateßlinsen. Der Supermarkt-Manager hat einen Schrei getan, als er seine leeren Regale sah! Hausmann hat das Zeug gebeizt, gegen Ungeziefer, wie man's halt macht bei unbekannten Sorten, und in den Besengrund gedrillt. Das ist das schlechteste Stuck Land, das wir besitzen, aber die Tango hatte ja angedeutet, daß es auf hohe Erträge nicht ankäme."

„Hab' ich. Im Sinn unserer Verbandszielsetzung. Und was ist passiert?" Maria lachte kurz und trocken auf.

„Das Zeug ist aufgegangen wie Unkraut. Hausmann hat auch erst geglaubt, es wäre Unkraut, weil er ja Linsen nicht kennt. Aber ich hab' im großen Buch nachgeschaut und gesehen, daß es tatsächlich Linsen sind, und ihn gehindert, gegen Unkraut zu spritzen. Das Zeug ist gewuchert und hat alles andere erstickt. Und dann hat es geblüht. Und wie! „Die auf Leidenau züchten jetzt Blumen!" hat es im Dorf geheißen. Es hat angesetzt, und wenn es noch ein paar Tage schön bleibt, können wir dreschen und haben eine Rekordernte an Linsen. Was soll ich mit so vielen Linsen? hab' ich mich gefragt. Ein Zentnerchen oder zwei könnten wir in der Küche verbrauchen, aber das gibt eine ganz schöne Reihe von Doppelzentnern."

„Auch meine Linsen stehen gut", nickte Daddy Rethlevsen.

„Also habe ich in der Landwirtschaftskammer einen Aushang machen lassen. Ein bißchen waren unsere Bauern ja schon vorbereitet, durch Günters schöne Red' an dem Abend mit dem Baron Poldi. Und als sie jetzt gesehen haben, was daraus wird, wollten sie sich auf einmal alle für den Bezug von Saatgut voranmelden. Ich bin so gut wie ausgebucht!"

Grischas verhärtete Züge entspannten sich. Langsam hoben sich seine Mundwinkel.

„Großartig!" meinte er auf einmal. Die anderen blickten ihn verblüfft an. „Dann haben wir ja die Linsen für Günters siebenhundert neue Kunden! Allerdings erst nächstes Jahr, aber irgendwoher müssen wir halt Linsen zur Überbrückung des plötzlichen Engpasses auf dem Markt besorgen. Als erstes gründen wir mal eine Linsen-Handelsgesellschaft. Einverstanden?"

„Sicher", nickte Willmuth. „Aber begreifst du, welche Lin-
sen-Lawine wir damit lostreten? Nächstes Jahr baut ganz Sach-
sen-Anhalt und Mecklenburg-Vorpommern nichts wie Linsen an. Im Jahr darauf folgen die notleidenden Landwirte in
den Alten Bundesländern. Eine Linsenflut wird über uns her-
einbrechen, eine Linsen-Inflation, der wir niemals Herr werden!"

„Du siehst das zu schwarz, Willmuth!" widersprach Babett.
„Es kommt doch weniger auf die Linsen an als auf den Preis,
zu dem sie angeboten werden. So lange sie noch teurer sind
als auf dem Weltmarkt, sagt keiner etwas. Nicht einmal unsere Freunde, die Importeure. Die können dann nämlich ihre
Preise ebenfalls erhöhen, ebenso wie der Zwischenhandel."

„Aber wie sollen wir die Linsen loswerden, wenn sie teurer
sind als auf dem Weltmarkt?" fragte Willmuth pessimistisch.
Babett schüttelte den Kopf.

„Wofür lassen wir dich eigentlich die Wirtschaft studieren?
Fast alles, was bei uns auf den Feldern wächst, ist teurer als
die Ware aus dem Rest der Welt. Wozu haben wir denn die
EG, den großen, freien Markt mit seinen zuverlässigen Gren-
zen? Damit wir hier die Preise halten können. Für Butter, für
Getreide, für Zucker - und ab nächstem Jahr eben auch für
Linsen! Klar?"

„Das ist wahr!" nickte Maria von Schnelz-Wahnfeld. „Zu
Weltmarktpreisen kann ich nicht produzieren." Sie trank ihr
Glas leer und schleckte sich die vollen Lippen. „Trotzdem
leben wir nicht schlecht. Das ist ja das Schöne an der Landwirtschaft von heute!"

*

Grischa Costers hatte ursprünglich vorgehabt, die offizielle
Eröffnung des neuen Sitzes des Deutschen Linsenverbands
mit einer Art gemütlichen Dämmerschoppens zu begehen.
Unter dem Einfluß seiner Mittäter im abendlichen

Kommunikationszimmer war jedoch die Liste der Einladungen unglaublich gewachsen und hatte es nötig gemacht, vor allem das kulinarische Programm beträchtlich zu erweitern. Die Stadtküche hatte mehrfach neue und umfangreichere Aufträge bekommen, und auch der örtliche Importeur großer Weine und internationaler Getränke hatte seine Meinung über den bis dato unbekannten Linsen-Verband grundlegend geändert.

„Fressen und Saufen allein genügt nicht!" hatte Tango von Dahlen aufgrund ihrer umfangreichen Erfahrungen im westdeutschen Partywesen behauptet. „Die Leute wollen auch was erleben, was ihnen den Abend unvergeßlich macht!" Infolgedessen war ein Zauberkünstler engagiert worden, ein Drehorganist für die Halle, ein Bauchredner mit Puppe und ein bekannter Schnellmaler, der die Gäste wohlwollend portraitieren sollte. Der Partyservice hatte alle Räume mit Blumenschmuck, Lichterketten und goldenen und dunkelblauen Luftballons geschmückt, und in der Halle war Lotti Koch schwarz schulterfrei und glitzernd aufgestellt worden; sie wies die Gäste zur Garderobe und geleitete sie dann vor die Verbandsführung, die im großen Kommunikationszimmer Hof hielt. Schon hier begann der Champagner zu fließen, wenngleich die Leihkellner strenge Anweisung hatten, Günters und Grischas Gläser nur mit Mineralwasser zu füllen, dem ein Schuß Tee den nötigen Farbton gab.

Die Räume füllten sich mit feierlichen Gestalten. Die Herren repräsentierten alle wichtigen oder benachbarten Verbände und Vereinigungen, die mit Hülsenfrüchten befaßten Behörden und Firmen. Der Status ihrer weiblichen Begleitung war nicht immer offensichtlich; lediglich vom Außenwirtschaftsausschuß war Frau Dr. Thymian gekommen, in nachtblauem Hosenanzug mit Rüschenhemd und Krawatte, und in bekannter Ablehnung des männlichen Geschlechts hatte sie sich gleich an Tango herangemacht.

Willmuth näherte sich mit einem Rauschebart im Trachtenanzug, der statt einer Krawatte so etwas wie einen Schnürsenkel umgebunden hatte.

„Tango - darf ich dir Herrn Professor Wütherich vorstellen? Professor Wütherich ist Leiter der Saatzucht-Außenstelle von Weihenstephan und berät Ministerialrat Schaufelberg im Landwirtschaftsministerium!"

Wütherich beugte sich mit altväterischer Grandezza über Tangos schmalen Handrücken. Als er sich wieder aufrichtete, erblickte er Frau Dr. Thymian.

„Tach, Emmerenz!" sagte sie. „Was machen die kleinen Keimlinge in deinen Reagenzgläsern, he?"

Wütherich murmelte etwas, das von einer recht ordinären bayerischen Redewendung nicht weit entfernt war.

„Ich wollte dich schon immer mal anrufen", fuhr sie unerbittlich fort. „Meine Nichte Tamara, die Biologin, ist ja nun fertig. Sie hat über bodendeckende Pflanzenfamilien gearbeitet und sucht jetzt natürlich eine Stellung..."

Tango nutzte die Gelegenheit intimer Berufsberatung, um sich ein paar Schritte zurückzuziehen. In der Halle machte sie sich an Lotti Koch heran.

„Sind bald alle da?"

Lotti sah auf die Liste.

„Fast alle. Ein Dr. Rieselberger hat sich entschuldigen lassen, und der Präsident der Bundesvereinigung Pflanzenschutz und Düngemittelforschung kommt später, weil die Maschine aus Rom umgeleitet worden ist." Sie glitzerte mit beiden Augen; wahrscheinlich hatte auch sie etwas vom Champagner abgekriegt.

„Lassen wir die Leute noch ein Viertelstündchen herumstehen und Champagner trinken. Dann eröffnet Grischa das Buffet. Hast du Daddy Rethlevsen gesehen?"

„Unseren Präsidenten? Der sitzt in Herrn Costers Büro, mit Dr. Kurtz-Klein vom Chemieverband, Dr. Mehlworm von der Handelskammer und einem Beigeordneten der Stadt, der den Oberbürgermeister vertritt."

„Ich hoffe, die Herren unterhalten sich gut!"

„Einstweilen rauchen sie schwarze Zigarren, die sie vorher

in Brandy getaucht haben."

„Warum?"

„Sie schmecken dann besser, hat der Herr Beigeordnete gesagt."

Die Räume waren von lebhaftem Geplauder erfüllt. Grischa hatte den Hauptgeschäftsführer der mittleren und Großerzeugerverbände begrüßt.

„Tut mir leid, daß Dr. Rieselberger nicht kommen konnte!" sagte er gegen seine Überzeugung.

„Traurig, traurig!" stimmte ihm sein Gegenüber zu. „Aber im Vertrauen: es ging nicht mehr. Der Mann hat sich aufgeopfert. Er war schließlich nur noch ein Wrack. Wir haben ihn fast mit Gewalt von seinem Schreibtisch entfernen müssen. Nun, ein paar Wochen Bühlerhöhe werden ihm guttun, und wenn er zurückkommt, findet sich gewiß wieder etwas für ihn."

Grischa Costers entnahm dieser gerafften Darstellung, daß man Rieselbergern in der Branche keine Träne nachweinte. Wem mochte der arme Bursche auf die Füße getreten haben, welche Sache in den Sand gesetzt?

„Dann haben Sie jetzt die doppelte Arbeit, nicht wahr?" heuchelte Grischa Mitleid. „Gerade wo uns so bewegte Zeiten bevorstehen!"

„Sicher. Aber der Antrag Nordrhein/Südwestfalen ist ja glücklicherweise für immer vom Tisch!"

„Freilich. Aber schon dämmert neues Ungemach am Horizont herauf, und es tut mir doppelt leid, daß ausgerechnet wir daran nicht ganz unschuldig sind, mein Lieber! Die kommenden Rekordernten der Linse... einstweilen können wir das noch mühelos kanalisieren, aber im kommenden Jahr dürften sich da doch erhebliche Marktverschiebungen..."

„Aha? Sie rechnen da mit größeren Steigerungen? Bisher hatte der einheimische Linsenanbau ja eher Bagatellcharakter!"

„Das ist vorbei. Die Wende, wissen Sie, und nicht zuletzt auch unsere innovativen Bemühungen... ich selbst habe da vielleicht nicht genug aufgepaßt. Unsere jungen Pferde - immer Galopp, nicht wahr?"

„Davon höre ich zum erstenmal. Ich fürchte, darüber müssen wir so bald wie möglich im binnenwirtschaftlichen Ausschuß beraten. Darf ich Sie schon bei der nächsten Sitzung in acht Tagen dazu erwarten?"

„Gern", schmunzelte Grischa. „Entweder komme ich selbst, oder ich schicke unseren volkswirtschaftlichen Fachmann!"

In die Menge kam Leben. Babett im raffinierten Cocktailkleid mit schwarzer Spitze auf violetter Corsage bat charmant zum Buffet. Tango und Günter betrachteten die lange Schlange der vornehmen Gäste vor dem opulenten Buffet.

„Wetten, daß die Austern der Hit des Abends werden?" raunte Tango. Günter schüttelte den Kopf.

„Glaube ich nicht. Die meisten haben zuviel Angst, daß die glibberigen Dinger mit Quecksilber und Cadmium angereichert sind. Ich tippe eher auf die Rehpastete. Reh gilt wieder als ungefährlich, als gute deutsche Hausmannskost, und die getrüffelte Mayonnaise bringt die Kalorien, ohne die kein deutsches Buffet als festlich gilt."

Willmuth trat zu ihnen.

„Großer Erfolg, wie? Daddy Rethlevsen habe ich schon hinaufgebracht."

„Geht es ihm nicht gut?" fragte Tango erschrocken. Willmuth grinste.

„Im Grunde schien er recht fröhlich zu sein. Sie haben Zigarren in Brandy getunkt, aber er hat den Brandy auch noch getrunken. Nun, ein viel beanspruchter Präsident im vorgerückten Alter darf sich ja ruhig etwas früher zurückziehen."

„Hast du Maria gesehen?"

„Oh, ja! Sie hat sich mit dem Staatssekretär aus Düsseldorf, dem Landesrabbiner und dem Chefredakteur von „Saat & Ernte" umgeben und läßt sich mit Champagner huldigen!"

„Fabelhafte Person!"

„Ein Glücksfall für den Linsenverband!"

„Na, ja," sagte Tango und löste sich von der Säule, an der sie gelehnt hatte, „halt meine Familie, gell? Holen wir uns auch etwas zu essen, ehe unser Zauberkünstler vielleicht die Reste wegzaubert?"

*

Die Freude des Wiedersehens war beiderseitig, als Grischa Costers die Stätte des Gerichts betrat und das Fräulein Schmitz in der Anmeldung des Handelsregisters begrüßte. Dabei war er erst gegen fünf ins Bett gekommen, nachdem ihn der letzte scheidende Gast der glanzvollen Eröffnungsparty - ein leibhaftiger Präsident - auf der Straße tränenfeucht geküßt und seiner unverbrüchlichen Zuneigung versichert hatte. Das Fräulein Schmitz klapperte mit den Wimpern und sagte:

„Sie waren das doch mit der Linsensuppe, nicht. wahr? Ist denn was draus geworden?"

Grischa versuchte sich zu erinnern. Hatte Tango nicht die beiden Mädchen hier zu irgendeiner Schlemmerei eingeladen?

„Ausgezeichnet geht's", antwortete er etwas vage. „Übrigens sind wir Ihnen ja immer noch eine Einladung schuldig, nicht wahr?"

„Hach, daß Sie das nicht vergessen haben!"

„Aber wie sollten wir denn? Wir hatten nur so viel damit zu tun, den Verband in die Höhe zu bringen - aber wir lassen ganz bald von uns hören! Im Augenblick sind wir dabei, eine Handelsgesellschaft anzugliedern."

„Ach, ja? An was dachten Sie denn?"

„Am liebsten würden wir eine GmbH & Co. gründen. Mit dem Deutschen Linsenverband als Hauptgesellschafter."

„Ja, das wird wohl das beste sein", nickte das Fräulein, dem schon die abenteuerlichsten Firmenkonstruktionen auf den Tisch gekommen waren. „Füllen Sie gleich diese Formulare aus? Dann geb' ich sie noch heute weiter!"

Sie gab ihm die Papiere, und Grischa machte sich an die Arbeit. Die Tür zum Zimmer des Behördenleiters ging auf, und der freundliche Liebhaber deftiger Linsensuppen trat ein. Er legte dem Fräulein Schmitz einen Akt auf den Tisch.

„Also das geht schon mal gar nicht", sagte er. „Keine deutsche Staatsangehörigkeit, keine Befähigungsnachweise, kein Kapital - und dann eine Firma gründen! Wo kämen wir denn damit hin! Wenn er wenigstens Trompete blasen könnte oder meinetwegen das Saxophon! Da hätte er Aussichten. Aber nicht mit einem SOS-Reparaturservice für verstopfte Abflußrohre und geknickte Fernsehantennen! Sagen Sie ihm: abgelehnt!"

„Wo ist er denn?"

„Draußen sitzt er, auf dem Gang."

„Ich mache nur eben diesen Antrag fertig", nickte das Fräulein Schmitz. "Der nette Herr mit den Hülsenfrüchten ist wieder da!"

Der Amtsrat fuhr herum und erkannte Grischa Costers. Ein Lächeln glitt auf seine verhärteten Züge.

„Ah, mein Lieber! Erfolg gehabt mit den kleinen Linsen?"

„So viel, daß ich gerade eine Vermarktungsfirma eintragen lassen will!"

„Großartig! Gratuliere!"

„Danke. Sie haben da gerade jemanden abgelehnt..."

„Leider. Ich mußte ihm die Gewerbegenehmigung versagen."

„Ich suche so jemanden, als eine Art Hausmeister. Bekäme er denn eine Arbeitserlaubnis?"

„Warum nicht? Wenn er eine Stelle hätte und einen festen Wohnsitz nachweisen könnte?"

„Na, ich sehe mir den armen Kerl einmal an. Kommt er aus den Neuen Bundesländern?"

„Nein. Dann wär's ja einfach. Aber der hier ist ein Arbeitsloser aus Memphis, Tennessee!"

„Was?" Grischa stand auf und folgte dem Fräulein, das sich mit der Akte unter dem Arm und dem Ablehnungsbescheid auf den Lippen hinausbegab. Auf der harten Wartebank saß ein großgewachsener junger Mann von eindrucksvoll schwarzer Hautfarbe, in modisch buntem Hemd und einer cremefarbenen Latzhose. Fräulein Schmitz erklärte ihm, was ihr aufgetragen worden war. Er bedankte sich auch noch höflich

120

mit gutturalem Baß, aber als sie sich von ihm abwandte, ließ er doch den Kopf sinken und barg ihn in seinen dunklen Händen. Grischa setzte sich neben ihn.

„Probleme?" fragte er kurz. Der Farbige nickte.

„Jede Menge. Wollte einen Reparaturservice aufmachen, aber sie lassen mich nicht. Wenn ich keine Arbeit mache, verliere ich die Aufenthaltserlaubnis und muß zurück in die USA. Und dort bin ich noch arbeitsloser als hier."

„Können Sie autofahren? Autopflege? Reparieren, was im Haus kaputtgeht?"

„Sicher. Auch ein bißchen mauern, verputzen, schreinern und Garten in Ordnung halten."

„Okay. Ich glaube, ich kann Sie brauchen. Hausmeister und Chauffeur. Ein Monat Probezeit, ja?"

Die Augen des farbigen Mannes wurden groß und fingen an zu strahlen.

„Tatsächlich?"

Grischa nickte.

„Ich bin Grischa Costers."

„Ben Coleman, aus Memphis, Tennessee!"

„Come on, Ben!"

Coleman federte hoch und stürmte mit langen, tänzerischen Schritten hinter ihm her.

*

„Wer ist der Mohr?" fragte Willmuth mit gekrauster Stirn und sah von seinem Schreibtisch auf.

„Unser zukünftiger Chauffeur und Hausmeister", antwortete Grischa. „Ein großes Haus wie dieses braucht so jemanden."

„Unsere Personaldecke streckt sich", nickte Willmuth. „Ich habe unterdessen Kontakt mit Rieselbergern aufgenommen. Er sitzt tatsächlich auf der Bühlerhöhe, aber es geht ihm nicht gut. Als ich ihm den Job in unserer neuen Linsenhandelsgesellschaft angeboten habe, wäre er am liebsten gleich aufgebrochen und hergeeilt."

„Bei seinem Verband ist er ja auch so gut wie abgemeldet! Hast du Maria von Schnelz-Wahnfeld gesehen? Wir brauchen Linsen!"

„Vorhin hat sie noch im Kommunikationszimmer gesessen und mit Tango gefrühstückt. Sehen wir doch einmal nach!" Sie spazierten in den großen Raum hinüber, in dem alle Spuren des Festes schon getilgt waren. Maria von Schnelz-Wahnfeld rauchte eine abschließende Zigarette, während es Tango von Dahlen überhaupt bei zwei großen Espressi hatte bewenden lassen.

„Hallo!" grüßte Grischa. „An Bord alles wohl?"

„Es war ein ganz bezauberndes Fest!" strahlte Maria. „Ich habe drei Heiratsanträge bekommen!"

„Deswegen hatten wir dich aber nicht eingeladen!"

„Hab' sie ja auch alle abgelehnt!"

„Sehr gut. Du, ich brauche deine Linsen! Du hast ja von Günters überwältigenden Verkaufserfolgen in den Neuen Bundesländern gehört. Die Deutsche Linsen-Handelsgesellschaft habe ich heute früh gegründet; Willmuth besorgt uns einen verbandserfahrenen Geschäftsführer - jetzt müssen wir nur noch Linsen haben!"

„Aber die habe ich doch schon meinen Bauern versprochen!"

"Macht nichts. Sie sollen ihre Linsen haben, aber von uns. Du verkaufst uns pro forma deine Ernte, meinetwegen noch auf dem Halm, wie man wohl sagt, und wir verkaufen sie weiter. Für deine Mühe mit den Formularen und Rechnungen und der Verpackung kriegst du... wieviel Prozent vom Umsatz möchtest du haben?"

„Überhaupt keine, du depperter Bursch! Geld habe ich genug. Mach' mich lieber zu eurer Verkaufsleiterin Süd. Das wär' steuergünstig, wegen der Verlustabschreibung!"

„Aber wir brauchen doch auch Unkosten! Sollen wir etwa große Gewinne machen und alles der Steuer in den Hals werfen?" protestierte Grischa. Maria winkte großzügig ab.

„Dann gebt mir halt ein halbes Prozent. Das kriegt der Pater Korbinian für seine Mission, und dafür traut er dann mal wieder jemanden von euch, wenn's pressiert!"

„Einverstanden. Aber woher kriegen wir noch mehr Linsen? Die paar Zentner von dir reichen bestimmt nicht!"

Maria zuckte mit den Schultern, aber Tango hatte eine Idee. „Leo!" sagte sie.

„Wie bitte?"

„Leo. Einer meiner Schwäger. Er wurde ursprünglich als Mißheirat meiner ältesten Schwester betrachtet, aber er hat sich mit seiner Nothilfe-Küche ganz schön hochgearbeitet. Inzwischen dürfte er Millionär sein."

„Was ist eine Nothilfe-Küche?" wollte Willmuth wissen.

„Wenn irgendwo auf der Welt eine Katastrophe passiert - und jeden Tag passiert auf der Welt eine Katastrophe - dann fliegt das Internationale Rote Kreuz hin und wirft Zelte und Dekken und heißen Tee ab. Was die armen Flutopfer oder Erdbeben-Geschädigten essen, hat lange Zeit niemanden interessiert. Bis Leo kam. Er kauft ganze Möhren-Ernten auf, Erbsen, Bohnen, vermutlich auch Linsen, und daraus läßt er Billig-Suppen kochen. Die werden in Konservendosen abgefüllt und zu Hunderttausenden an die Hilfsorganisationen in Notstandsgebieten geliefert. Ich wette, Leo kann uns billige Linsen beschaffen. Ich ruf' ihn an!"

„Wir brauchen zwanzig Zentner, fürs erste!"

„Sicher kein Problem. Wohin? In unseren Keller?"

„Um Himmelswillen, nein! Ich will das Kroppzeug nicht im Haus haben! Genug, daß wir so lange davon leben mußten! Wenn Rieselberger kommt, soll er eine Halle auf dem Großmarkt mieten und einen rüstigen, alten Mann einstellen, der die Linsen in Säcke umfüllt oder in hübsch bedruckte Saatgut-Tüten."

„Wann kommt er denn?" wollte Tango wissen. Grischa wandte sich fragend an Willmuth, der sich den verbliebenen Genüssen der Frühstückstafel zugewandt hatte und sich gerade ein paar Croissants mit Erdnußbutter und Ingwermarmelade zuführte.

„Mit dem nächsten Zug", brachte er mampfend heraus.

*

Willmuth hatte, wie meistens, keine genaue Ahnung, wo er eigentlich war. Am frühen Morgen hatte ihn Tango zärtlich und rücksichtsvoll geweckt und im dunklen Anzug losgeschickt, die Tagung des BDMVG zu besuchen. Sie hatte ihm die Adresse des Tagungsorts und eine kurz gefaßte Wegbeschreibung zugesteckt, und auch Grischa war erschienen, als er sich in den Spiegeln der Halle ihres neuen Verbandssitzes grämlich musterte. Willmuth haßte es, in früher Morgenstunde zu unbekannten Zielen aufzubrechen.

„Die Brüder haben im Grunde keine Ahnung und deshalb die Hosen voll", hatte Grischa gesagt, „aber laß' dir nur nicht an den Wagen fahren! Red' sie in Grund und Boden, wenn es sein muß!"

Willmuth verließ die Autobahn, rollte mit seinem roten Flitzer über eine enge Waldstraße und folgte dem Wegweiser zu einem Wasserschloß, dessen hochtrabenden Namen er sich eingeprägt hatte. Allmählich kam ihm auch die Erinnerung, daß sie nach dem Abendessen im Kommunikationszimmer über diese Tagung gesprochen hatten. Aber am anderen Morgen hatte ihm vor der Fakultät die Prüfung in Kostenstellenrechnung angestanden, und davon war sein Kopf voll gewesen. Nun, er würde ja hören, was der BDMVG vom Deutschen Linsenverband wollte. Was bedeutete BDMVG eigentlich?

Er parkte zwischen schwarzen Limousinen, stieg die Schloßtreppe hinauf und fand sich in einer feudal eingerichteten Halle. Ein pinguinesker Oberkellner näherte sich ihm geräuschlos, aber ein Herr im dunkelblauen Anzug war schneller.

„Herr Dr. Willmuth?" schlug er die Hacken zusammen. Willmuth erschrak.

„Willmuth, ja..."

„Ich bin Braukämper vom BDMVG. Schön, daß Sie gekommen sind! Die Herren haben Sie schon erwartet. Darf ich Ihnen beim Ablegen behilflich.... ah, Sie haben gar keinen Mantel! Dann darf ich Sie gleich hier herüberbitten?"

Willmuth blickte auf seine täuschend vergoldete Armbanduhr, die er nur zu besonderen Gelegenheiten anlegte, weil ihm die genaue Zeit ansonsten ein Gräuel war.

„Die Sitzung soll doch erst um elf beginnen?" wunderte er sich. Braukämper nickte und hielt ihm eine Tür auf, die ohnehin schon offen war.

„Gewiß, gewiß! Aber die Herren hielten es für besser, vorher eine kleine, interne Abstimmung... gewissermaßen ein klärendes Vorgepräch.... bitte!"

Willmuth verstand überhaupt nichts, trat in den kleinen Salon und wurde drei würdigen Herren vorgestellt, die ihre ernsten Mienen nur unwesentlich aufhellten, als sie ihn willkommen hießen.

„Herr Pausback, unser marktpolitischer Dezernent, Herr Dr. Wiesentheu, der Finanzexperte des Verbands, und Herr Direktor Wasserfall von der BDMVG-Zentrale in Essen!"

„Nehmen wir doch bitte Platz!" bat Braukämper. Als Jüngster in diesem Kreis von Wirtschaftsführern hatte er die Lauerstellung in der Halle halten müssen und war jetzt froh, seine dünnen Beine unter dem barocken Stühlchen zusammenfalten zu können. Ein Kellner tauchte auf und schenkte auch Willmuth etwas Kaffee ein.

„Sie wissen wohl, um was es geht!" setzte Direktor Wasserfall an. „Die BDMVG ist etwas beunruhigt, um es mal schonend auszudrücken. Die Nachrichten, oder besser gesagt, die Gerüchte über ein bevorstehendes einheimisches Linsen-Überangebot sind nicht gerade geeignet, bei uns und den von uns vertretenen Betrieben Frohsinn aufkommen zu lassen."

Willmuth schlug ein Bein übers andere.

„Woher haben Sie denn diese Schreckensmeldung?" fragte er nonchalant.

„Soviel man mir gesagt hat, deutete Ihr Herr Costers bei der Einweihung Ihres neuen Domizils Herrn Dr. Frohgang vom Verband der mittleren und Erzeugergroßverbände so etwas an. Verständlich, daß anderntags die Telefax- und Telefondrähte in der Branche zu rauchen begannen, nicht wahr? Wenn das zuträfe, ständen wir vor einer Entwicklung, die... also, ich will den Teufel nicht an die Wand malen, Herr Willmuth!"

Willmuth verzog den Mund. Dieses sogenannte Vorgespräch war ihm mehr als lästig. Er hatte gehofft, sich bei der Sitzung im bequemen Sessel etwas entspannen und eventuell ein wenig Schlaf nachholen zu können. Stattdessen lief das hier auf ein Kreuzverhör hinaus! Aber wenn sie unbedingt seine Meinung hören wollten... er war gründlich in der Kunst geschult, recht einfache Tatbestände so darzulegen, daß den Zuhörern die Ohren zu klingen begannen und die Köpfe rauchten.

„Ich weiß natürlich nicht, was Herr Costers in jener Nacht hat anklingen lassen", begann er milde. „Aber wenn wir die aktuelle Lage aufgrund des bislang vorliegenden Zahlenmaterials in den Griff bekommen wollen, dann setzen wir doch am besten bei einer quid-pro-quo-Schätzung des zu erwartenden Gruppenindexaufkommens an. Nach den mir vorliegenden Berichten belaufen sich da die Globalziffern auf etwas mehr als das Elfeinhalbfache des bisher zugrundeliegenden Verfügungsbestandes, wobei ich anmerken muß, daß sich die routinemäßigen Erhebungen meines Verbandes auf die loco-Schätzungen zum gegenwärtigen Zeitpunkt beziehen. Wenn es morgen im Bayerischen Wald hagelt, können wir das ganze Zahlenwerk in den Aktenvernichter geben", lächelte er vertrauensfördernd. Die Herren lächelten ebenfalls, wenn auch reichlich gezwungen.

„Nun können Sie natürlich mit Recht einwenden, daß diese elfhundert Prozent keineswegs etwas sind, was man unter den Tisch kehren kann. Aber betrachten Sie doch einmal das Panel - da kommen wir zwangsläufig zu einer ganz anderen Einschätzung der Lage. Rechnen wir - immer noch theoretisch, meine Herren! - nach der Seidelbastschen Summenformel zurück, dann kann von einer balancierenden Auswirkung auf die Importseite (und darum geht es doch wohl allein!) überhaupt keine Rede sein. Nicht einmal von akzentuierenden Tendenzen auf die Preis/Kostenrelation im kalkulatorischen wie auch im preisbildenden Bereich. Die Preismengenkonsequenz liegt weiterhin im alleruntersten Level der Marktbelastungskurve, und wenn Ihnen das noch nicht genug ist, dann versichere ich Ihnen, daß der Deutsche Linsenverband im Zuge seiner saisonbereinigenden Maßnahmen das gesamte Überschußaufkommen vom Markt nehmen wird. Sie werden, um es einmal gut deutsch zu sagen, in diesem Herbst keine einzige inlandsproduzierte Linse in den Marktdaten aufscheinen sehen, und wenn doch, dann kommen Sie nach Köln, und wir wiegen sie Ihnen mit Gold auf!"

Er lehnte sich zurück. Den Herren machte der Widerhall seiner Worte noch eine Weile zu schaffen. Dann ermannte sich Herr Pausback, der sich im wirtschaftspolitischen Slang noch am besten auszukennen glaubte.

„Ich weiß zwar nicht, wie Sie das machen wollen, Verehrtester, aber wenn Sie uns versichern, daß wir aus der Inlandsernte nichts zu befürchten haben - gut und schön. Nur: was wird nächstes Jahr? Der Boom ist doch abzusehen!"

„Nein", widersprach Willmuth kopfschüttelnd. „Das kann schon deshalb nicht geschehen, weil die marktlenkenden Maßnahmen unseres Verbands via Deutsche Linsen-Handelsgesellschaft tief greifen werden, wenn die Linsen erst in Blüte stehen. Wir stellen sicher, daß das Weltpreisniveau keinesfalls erreicht wird, notfalls über Brüssel." Die Herren taten ihm beinahe leid, und er wollte es ihnen etwas einfacher machen. „Nochmals in gutem Deutsch, meine Herren: wenn die inländischen Linsen gestützt werden, dann hindert Sie niemand daran, auch die Importlinsen zum selben Preis loszuschlagen, und Sie verdienen sich goldene Nasen!"

Pausback kicherte.

„Aber das läuft doch dann auf eine Art Linsenkartell hinaus?"

Willmuth wiegelte ab.

„Das sollten Sie nicht so laut sagen, Herr Pausback, auch wenn wir hier unter uns sind. So etwas hört man in Brüssel höchst

ungern. Aber wenn Sie mit Ihren Firmen in eine Verkaufs-
gesellschaft eintreten, sagen wir in die Deutsche Linsen-Handelsgesellschaft, kann bis zum Europäischen Gerichtshof hinauf niemand etwas dagegen einwenden." Er hätte fast noch
ein „kapiert?" hinzugefügt, aber die ausgefuchsten Herren
verstanden auch so.

„Daher weht der Wind?" brummte Dr. Wasserfall. „So weit
haben wir tatsächlich noch nicht gedacht! Meine Anerkennung, Herr Willmuth! Ich glaube, das ist die Lösung! Damit
können wir beruhigt in die Sitzung gehen, nicht wahr?"

Sie standen auf. Pausback ließ die anderen vorgehen und faßte
Willmuth am Ärmel.

„Moment, Herr Kollege!"

Willmuth blickte ihn angewidert an. Was wollte der Kerl denn
noch von ihm? Willmuth hatte zwei geraffte, aber hochkarä-
tige Vorlesungen geliefert und dachte damit seinen Anteil am
kalten Buffet verdient zu haben.

„Unter TOP 3 haben wir nachher die Neuwahlen zum Beirat
des BDMVG. Wir dachten, bei einer befriedigenden Antwort
auf unsere Frage den Deutschen Linsenverband beziehungsweise Sie persönlich in diesen Beirat aufzunehmen. Das ist
Ihnen doch recht?"

Willmuth schauderte bei dem Gedanken, in Zukunft öfter so
früh aufstehen und ins Ruhrgebiet eilen zu müssen. Aber es
konnte wichtig sein, den BDMVG im Auge zu behalten - am
besten wohl vom weichen Stuhl eines gewählten Beirats aus.
Vielleicht erfuhr er dann im Lauf seiner segensreichen Beirats-
tätigkeit auch endlich, was BDMVG überhaupt bedeutete und
womit sich dieses Gremium beschäftigte, wenn es nicht gerade Kaffee trank und unschuldige Wirtschaftswissenschaftler
zum Thema „Linsen" verhörte.

„Sicher. Ich würde das außerordentlich dankbar begrüßen!"
log er daher bedenkenlos. Pausback nickte.

„Ich lasse Sie dann von einer Stimme aus dem Publikum vor-
schlagen, und dann ist die Wahl kein Problem. Die Aufwandsentschädigung kann sich übrigens sehenlassen!" grinste er

Willmuth fett und vertraulich an. „Superb! sage ich nur."

*

Eine milde Spätsommersonne schien durch die hohen Bäume im kleinen Park des Deutschen Linsenverbands. Die Allee herunter kam ein Mann geradelt. Die Pedale seines betagten Gefährts quietschten, und dahinter rumpelte ein zweirädriger Anhänger, mit einem prallen Sack beladen. Der Mann blickte nach links und nach rechts. Dann gewahrte er die beiden goldglänzenden Schilder, die Ben Coleman ans Tor geschraubt hatte - „Deutscher Linsenverband" und „Deutsche Linsen-Handelsgesellschaft" - bremste und stieg steifbeinig ab. Er stellte das Rad samt Anhänger auf den Bürgersteig, schulterte den Sack und marschierte mit knarrenden Stiefeln auf das Portal des herrschaftlichen Hauses zu. Zwinkernd ob der unvermuteten Düsternis betrat er die Halle. Vom Empfang blickte ihm ein sehr schlankes, blondes Mädchen entgegen, das sowohl auf den Namen Barbara wie auch auf den treffenden Spitznamen „Stangerl" hörte und eines Tages mit einem Begleitschreiben Maria von Schnelz-Wahnfelds angekommen war, um fortan den Empfang und die Telefonzentrale zu bedienen.

„Da bin ich!'! sagte der eisgraue Bursche und ließ den Sack von der Schulter gleiten.

„Sehr schön!" nickte Barbara. „Wer sind Sie denn?"

Der Hüne deutete auf das Pult der Telefonvermittlung.

„Drücken Sie mal auf 4. Der Onkel Helmut aus der Eifel wäre da."

Barbara meldete ihn.

„Dr. Willmuth kommt gleich. Sind Sie sein Onkel?"

„Na, so um ein paar Ecken herum! Er hat seinen Doktor gemacht? Sehr gut. Was man anfängt, soll man auch zu Ende führen!"

Willmuth tauchte aus den Tiefen der Halle auf und begrüßte Onkel Helmut. Barbara, die nicht wußte, daß sie das historisch beglaubigte erste Mitglied des Deutschen Linsenverbands vor sich hatte, machte große Augen, als die beiden Herren im Kommunikationszimmer verschwanden und wenig später Tango von Dahlen und Grischa Costers mit demselben Ziel durch die Halle eilten.

„Hallo, Victoria Marie Luise!" grüßte der Onkel jovial.

„Unser Gründungsmitglied!" strahlte Tango zurück. „Wie geht's denn in der schönen Eifel?"

„Gut, gut. Und eine feine Linsenernte habe ich eingefahren! Was meinen Sie, was jetzt im Dorf los ist! Erst haben sie mit dem Finger an den Kopf getippt und mich einen Delikatessenbauern genannt. Und über das Schild am Hoftor wollten sie sich kaputtlachen. Jetzt fragen sie mich schon beim Frühschoppen, woher man denn das Saatgut bekommen kann, und was der Doppelzentner bringt!" Er schlug sich mit der harten Hand auf den Schenkel und wieherte ein bißchen. „Was bringt er denn eigentlich wirklich? Die vom Landhandel hatten keine Ahnung!"

„Zweifünfzig über dem Weltmarktpreis!" antwortete Grischa. Der Onkel hob die buschigen Augenbrauen. Dann zog er eine Flasche Schlehengeist aus der Rocktasche.

„Darauf müssen wir einen trinken, verdammt!" frohlockte er. Tango stand auf und holte Gläser und Eiswürfel aus der Hausbar. Sie schenkte ein und stellte die Flasche gleich in die Schale mit dem Eis.

„Auf die Linsen!" Der Onkel kippte seinen Schnaps, und die anderen taten es ihm nach.

„Schenk' nochmal ein, Victoria Marie Luise! Wir wollen gleich noch auf die nächste Ernte trinken, damit sie genauso gut wird. Ich laß' den ganzen Schwindel mit der Wintergerste und dem Weizen sein und baue nur noch Linsen an. Ihr könnt doch Linsen brauchen, wie?"

„Natürlich. Wir haben ja eigens eine Handelsgesellschaft dafür gegründet."

„Ha! Wenn ich daran denke, wie ihr damals auf den Hof kamt und mich anmachen wolltet... und wie es jetzt hier aussieht!

Ihr habt's geschafft, nicht wahr?"

Grischa Costers hatte eine Idee. Er wollte, daß der Alte etwas von dem Segen abbekam. Immerhin war er der erste gewesen, der auf eine glänzende Zukunft der Linse gesetzt hatte. „Hören Sie, Onkel Helmut - wir haben neulich eine Verkaufsleitung Süd eingerichtet. Maria von Schnelz-Wahnfeld ist da der Boß. Wollen Sie nicht dasselbe für die Eifel und meinetwegen für den Niederrhein übernehmen? Wir könnten uns dafür niemanden besser vorstellen als einen Mann der Praxis, der auf Anhieb das Vertrauen seiner Kundschaft hat, weil er selber Linsen anbaut. In diesem Jahr ist es vielleicht nur Ihr Dorf; im nächsten kommt schon der Landkreis hinzu, und später das ganze linksrheinische Gebiet, von Kevelaer bis Neuenahr! Mich würde so etwas reizen!"

„Mich auch!" nickte Onkel Helmut. „Aber nicht die Arbeit mit dem ganzen Papierkram und so! Wer weiß denn, was da alles auf mich zukommt!"

„Sie werden nächstes Jahr schon so viel daran verdienen, daß Sie sich eine buchführungstüchtige Sekretärin leisten können. Die gibt Ihre Zahlen einfach an uns durch; wir haben eine EDV, die schluckt alles und spuckt die fertigen Ergebnisse aus, sogar für das Finanzamt. Damit würden Sie also keine Sorge haben. Und Lagermöglichkeit bietet doch dann Ihre Scheune!"

„Hm - eine Sekretärin? Für mich?"

„Ihr Dorf quillt wahrscheinlich über von netten Mädchen, die ihr Abitur auf der Handelsschule gemacht haben und jetzt herumstehen und keine Stelle haben!"

„Hm", machte der Onkel noch einmal. Und dann räusperte er sich kräftig. „Platz genug wäre da. Das kleine Zimmerchen neben dem Eßzimmer könnte Büro werden. Und die Sekretärin... die Mathilde von unserem Ortsvorsteher hat das Abitur und schon bei Raiffeisen gearbeitet, bis unsere Filiale zugemacht wurde. Wär' natürlich ein Spaß, wenn ausgerechnet ich sie beschäftigen würde! Wie geht denn das vor sich, wenn ich mitmache?"

Grischa verbiß sich ein Lächeln, und Tango atmete auf. Den Verkaufsleiter West schienen sie zu haben.

„Sie verkaufen der Deutschen Linsen-Handelsgesellschaft Ihre Ernte, abzüglich des Eigenverbrauchs. Und dann verkaufen Sie in unserem Namen und mit unseren Formularen die einzelnen Partien an Ihre Bauern. Davon bekommen Sie noch einmal fünfzehn Prozent Provision."

„Aber damit kommt ihr auf keinen grünen Zweig!" protestierte Onkel Helmut, der im Kopfrechnen gar nicht so schwach war.

„Das wollen wir ja auch nicht. Die bedauerliche Lage der deutschen Linsenwirtschaft ist vorläufig unser Haupt-Argument bei allen Anträgen auf finanzielle Beihilfen. Und nächstes Jahr, wenn überall schon Linsen angebaut werden, weisen wir umgekehrt auf die Weltmarktpreise hin, mit denen wir nicht konkurrieren können, und verlangen preisstützende Maßnahmen von der Regierung und von Brüssel. Gut?"

Onkel Helmut war dem Vortrag aufmerksam gefolgt.

„Eine Art Patentrezept, wie? Kann in keinem Fall schiefgehen. Sehr gut. Ich mach' mit." Er bot Grischa die Hand, und der schlug dreimal kräftig ein, wie beim Pferdehandel. „Was bin ich jetzt?"

„Verkaufsleiter West der Deutschen Linsen-Handelsgesellschaft. Ich denke, an Ihrem Torpfosten ist noch Platz für ein hübsches, goldglänzendes Schild?"

„Aber sicher! Die anderen werden sich schön giften! Aber ich bin nicht rachsüchtig. Nächsten Sonntag beim Frühschoppen gebe ich einen aus. Sind ja demnächst alle meine Kunden, haha!"

*

Katharina Swoboda hatte Schwarzsauer mit Knödeln aus Buchweizenmehl gemacht und hinterher Birnen Bogena. Babett ließ den Löffel sinken und legte die steifleinene Serviette zusammen. Zum Abendessen hatten sie sich, wie mittlerweile üblich, im Kommunikationsraum versammelt, und da ihre böhmische Köchin neben Ben Coleman ins Hausmeisterhaus gezogen war, stand sie auch zu später Stunde zur Verfügung.

„Wir müssen irgendetwas tun", sagte sie. "Sonst zahlen wir uns an Steuern tot. Der Härtefonds der EG hat abermals überwiesen, und in ein paar Tagen kommen wieder achthunderttausend herein. Ganz abgesehen von den Mitgliedsbeiträgen, die wie ein zuverlässiges Bächlein strömen."

„Wir könnten noch ein Auto brauchen. Etwas Wendiges für die City. Es ist ein Unfug, daß wir Katharina mit dem Taxi einkaufen schicken und Ben die Morgenzeitungen mit dem großen Mercedes holt", sagte Tango und nahm Willmuth resolut den Teller weg, als er sich zum zweitenmal von den Birnen nehmen wollte, die mit Weichselmarmelade gefüllt und von einer Sahneschneehaube gekrönt waren.

„Ein Auto nimmt uns nicht unsere Sorgen. Kauf' meinetwegen ein rotes Cabrio mit weißen Ledersitzen oder einen Superflitzer mit Allradantrieb, aber sag' mir, was wir mit dem eigentlichen Geld tun sollen! Um ganz deutlich zu werden: Einzelvorschläge unter hunderttausend nehme ich nicht entgegen!" entgegnete Babett ziemlich autoritär.

„Machen wir eine schöne Hauptversammlung! Wenn wir ein attraktives Jagdschloß dafür mieten und ein halbwegs ansprechendes Rahmenprogramm auf die Beine stellen, kommen wir vielleicht auf die Summe!" meinte Günter Wagner. Aber Grischa war dagegen.

„Grundsätzlich ein guter Gedanke, Günter, aber der Zeitpunkt ist noch verfrüht. Die Branche sieht uns noch immer auf die Finger und wartet auf die Linsenschwemme. Laßt uns damit bis kurz vor Weihnachten warten. Dann können wir einen Nikolaus auftreten lassen, der die Damenpräsente überreicht. Ich stelle mir das sehr schön und stimmungsvoll vor."

„Ich nicht", antwortete Günter Wagner. „Aber wie wär's denn mit einer Studienreise des Deutschen Linsenverbands? Ich meine: des Vorstands?"

„Wohin?" fragte Babett.

„Zu den Ursprüngen der Linse! In die fernen Länder, wo die Linsen blüh'n!"

„Und wo ist das?"

Sie blickten sich betroffen an und mußten zugeben, daß niemand im Deutschen Linsen-Verband wußte, wo die Ursprünge der Welt-Linsen-Kultur lagen.

„Sehe doch mal jemand nach!" rief Tango schließlich. „Irgendwo muß das erwähnt sein. Willmuth!"

„Ich bin zu satt!"

„Günter - du als unser Chef-Ideologe..."

„Ich gehe schon", resignierte Grischa. „Als Hauptgeschäftsführer trage ich schließlich die Verantwortung!" Er ging in sein Büro hinüber.

„Ich tippe auf den Vorderen Orient", meinte Tango, von dunklen Ahnungen getrieben. „Den Türken, den Cyprioten, den Libanesen ist es zuzutrauen, daß sie Linsen züchten!"

„Ach, wo! Formosa!" behauptete Willmuth.

„Das verwechselst du mit Spargel und diesen kleinen Orangen, deren Namen ich mir nie merken kann!"

Grischa kam mit umwölkter Stirn zurück.

„Wißt ihr, was ich bei dieser Gelegenheit feststellen mußte? Wir besitzen überhaupt keine ordentliche Bibliothek! Der Deutsche Linsen-Verband arbeitet ohne einschlägiges Schrifttum! Babetts „Lexikon des allgemeinen Wissens" ist wirklich dürftig und fußt zudem noch auf dem Marxismus-Leninismus unserer eingegangenen Republik!"

„Was steht denn über die Linse drin?"

„Daß sie ein wichtiges Volksnahrungsmittel ist und in einigen fortschrittlichen sozialistischen Ländern mit wachsendem Erfolg angebaut wird! Das stimmt doch vorn und hinten nicht!"

„Na - hervorragend! Wenn schon das Lexikon nichts darüber weiß, ist der Deutsche Linsen-Verband doch geradezu aufgerufen, im Rahmen einer Studienreise herauszufinden, wo das Zeug wirklich wächst!" Tango klopfte mit einem silbernen Kugelschreiber, den ihr der Qualitäts-Schutzverband Leguminosen e.V geschenkt hatte, auf den Tisch. „Fangen wir mit Venedig an! Das Gritti Palace ist ein sehr schönes Hotel. Dann zum Goldenen Horn hinüber, über Tel Aviv nach Elath, für ein paar Tage, dann Kairo, Tunesien, Portugal... an der Algarve ist es jetzt nicht mehr so heiß, und über die Riviera und Südfrankreich zurück Wär' das etwas?"

„Spannungsgebiete sollten wir tunlichst auslassen", riet Babett, die den Angriff auf ihr Lexikon des allgemeinen Wissens noch nicht verwunden hatte. „Außerdem müssen wir diese Studienreise irgendwie dem Finanzamt glaubhaft machen. Linsen wachsen nun einmal nicht vor den Grandhotels und im Garten der Spielcasinos rund ums Mittelmeer, sondern auf dem flachen Land, wo der gebeugte Landmann im kargen Boden unter sengender Sonne..."

„Und das soll eine Lustreise werden? Karge Landleute und flache Böden haben wir hier vor der Tür! Da habe ich eine bessere Idee! Wir reisen herum, steigen getrost in den besten Hotels ab und erkunden dabei die Möglichkeiten einer europäischen Linsen-Föderation! Dazu genügt es völlig, wenn wir hier und da mal einen landwirtschaftlichen Experten zum Essen einladen oder einen Agrar-Funktionär in die Bar schleppen!"

Grischa verzog den Mund.

„An sich bist du auf dem besten Weg, Tango. Nur müssen wir sehr vorsichtig vorgehen, damit unsere Mitgliedsverbände und vor allem die Importeure nicht wieder argwöhnen, wir wollten ihnen ins Handwerk pfuschen und hinter ihrem Rükken mit ihren Kunden verhandeln! Richten wir doch unsere Studienreise auf die Förderung des Linsengedankens allgemein! Dagegen kann kein Mensch etwas haben, es sei denn, er kriegt von Linsen eine Allergie oder sonstige abartige Zustände!"

„Also doch Grandhotels?" wollte Babett verbindlich wissen.

„Hast du etwas gegen Grandhotels?"

„Im Gegenteil! Ich müßte dann allerdings meine Garderobe

komplettieren. Tango braucht auch sicher noch etwas. Vielleicht sollten wir bei dieser Gelegenheit einen Repräsentationsfonds für uns Vorstandsmitglieder einrichten. Was wir dringend benötigen, können wir nicht von unseren monatlichen Bezügen bezahlen!"

„Das ist richtig!" nickte Tango. „Was gedenkst du pro Nase auszuschütten, Babett?"

„Sechs-, siebentausend brauche ich mindestens!"

"Bestimmt! Und denk' an unterwegs!'

„Denkt lieber einmal daran, wer unterdessen die Geschäfte hier besorgt!" mahnte Günter Wagner. „Rieselberger wird zwar demnächst seine Tätigkeit in der Großmarkthalle antreten, und das Stangerl bedient sein Telefon mit einer gewissen Virtuosität, aber damit ist es in unserer Abwesenheit nicht getan!"

„Lotti Koch wird vorher einer gründlichen Schulung unterzogen", entschied Tango. „Außerdem könnten wir sie von der Sekretärin zur Generalsekretärin befördern. Das besagt zwar nichts, gibt ihr bei den Kunden aber mehr Ansehen!"

„Tu das!" nickte Grischa. „Und arbeitet bei der Gelegenheit gleich die Reiseroute aus und bucht und laßt großzügig reservieren!"

*

Gegen zehn Uhr morgens fuhr ein Lastwagen vor. Der Fahrer blickte auf die blinkenden Messingschilder am Tor, begab sich stumm nickend ins Haus und starrte das Stangerl an, das heute mit einer rötlichen Haarsträhne und dem dazu passenden pinkfarbenen Body für den Empfang zuständig war. „Ich hab eine Ladung Linsen auf dem Wagen", sagte er. Barbara nickte.

„Damit sind Sie bestimmt hier richtig. Bringen Sie die Säcke in den Keller, ja?" Sie stöckelte langbeinig vor ihm zur Souterrain-Tür und zog sie auf. Der verführerische Duft eines Schöpsen-Schlegels nach Prager Art mit Zwiebelmus, den

Katharina Swoboda gerade anbriet, stieg dem Spediteur in die Nase.

„Bei euch riecht's aber gut!" bemerkte er. „Linsen?"

„Ich hoffe nicht. Wir handeln damit, kochen sie aber nicht!"

Kopfschüttelnd trug der junge Mann seine Säcke hinunter, warf noch einen Blick auf das Stangerl und merkte sich die Adresse für den Fall, daß es ihn eines Tages mehr nach einer ortsfesten Tätigkeit verlangen würde.

Eine Stunde später fuhr Ben Coleman zur Druckerei in die Stadt und holte die Papierbeutel, die Günter Wagner in Auftrag gegeben hatte. Sie trugen die Aufschrift „Linsen, Handelsklasse 1 A, Deutsches Erzeugnis, saatgutgetestet mit Keimgarantie nach EG-Richtlinien, Verpackung biologisch abbaubar. Deutsche Linsen-Handelsgesellschaft mbH, Köln" und auf einem breiten, roten Streifen den zusätzlichen Hinweis „Original verpackt mit Gütesiegel". Mehr war nach Wagners Ansicht nicht möglich, ohne in den Geruch leichtfertiger Aufschneiderei zu kommen...

Als Ben die Tüten fröhlich pfeifend in den Keller gebracht hatte, trank er bei Katharina Swoboda in der Küche einen Espresso, zog sich dann seinen Walkman über die krausen Haare und ging daran, die Linsen aus den Säcken Onkel Leos in die Tüten umzufüllen. Was ursprünglich als Billigstkonserven für die aktuellen Katastrophengebiete der Welt gedacht war, wurde so zu wertvollem Saatgut fortschrittlicher Linsen-Landwirte, vor allem in den innovativen Neuen Bundesländern.

Um zwölf war er soweit. Er holte sich bei Lotti Koch die Versandpapiere und packte die jeweils geordnete Zahl von Tüten in stabile Kartons, verschloß sie mit dem werbewirksam gestalteten Klebeband des Deutschen Linsenverbands und pappte die Adressen darauf. Von einem Apparat in der Halle rief er ein Rollfuhrunternehmen an und bat, etliche Kisten abzuholen. Fast war ihm, als sei er in einer richtigen Firma...

Lotti Koch hatte unterdessen bei Tango von Dahlen einen Schnellkurs absolviert, der sie befähigen sollte, den Deutschen

Linsenverband zu leiten, während die Verbandsspitze auf Reisen war.

„Übrigens", sagte sie, „was heißt eigentlich PR?"

„Beziehungen zur Öffentlichkeit", gab Tango zurück und schlug die Beine auf Lottis Schreibtisch übereinander. „Ursprünglich bedeutete das soviel wie „Tu Gutes und rede davon!", aber darüber ist man längst hinaus. Es gibt feinere Methoden, für eine Sache oder eine Idee zu werben, ohne daß es viel kostet."

„Hast du mal ein Beispiel, Tango?"

„Dutzende. Magst du Kreuzworträtsel?"

„Nicht besonders. Nur wenn man dabei um die Ecke denken muß. Die anderen sind mir zu fad und fragen immer dasselbe."

„Siehst du! So hab' ich's auch empfunden. Ich hatte sogar den Eindruck, daß sie alle von ein- und derselben alten Frau gemacht würden."

„Warum Frau?"

„Wenn nach einem Eßgerät gefragt wird, kommt immer Gabel heraus. Ein Mann würde Messer bevorzugen."

„Und warum alt?"

„Sie muß vor Jahrzehnten zur Schule gegangen sein. Als die alten Germanen noch modern waren. Den germanischen Wurfspieß, den Ger, findest du in fast jedem Rätsel, ebenso die germanische Totengöttin Hel, und als Götter die Asen. Na, und so weiter."

„Hm. Und du meinst wirklich...?"

„Die Übereinstimmungen waren mir zu groß. Mehrere Leute können gar nicht auf den einen unter tausend finnischen Seen kommen, der „Enari" heißt, und von den französischen Romanciers nur den Anet kennen. Ebenso geht es mit dem Ter, dem spanischen Küstenfluß - als ob die nur diesen einen hätten! Nein, ich war sicher, daß hinter alledem nur eine einzige Person steckt. Also forschte ich nach, und mein Verdacht bestätigte sich. Auf Schleichwegen und unter Aufwendung erheblicher Bestechungssummen bekam ich die Adresse in

Gelsenkirchen-Buer. Ich fuhr hin und fand in der Einlieger-
wohnung eines Vorstadt-Reihenhauses die alte, graue Frau,
die hinter fast allen Kreuzworträtseln steht. Sie sitzt da in ihrem kargen Plüschzimmer und erfindet Rätsel, wie unsereins
die Lösungen hinschreibt, eins nach dem anderen, von morgens bis abends."

„Aber was hat das mit PR zu tun?"

„PR ist, wenn die Leute gar nicht merken, was ihnen ein-
gefiltert wird. Ich habe die Kreuzworttante bestochen. Sie fügt
jetzt immer wieder die Frage nach einer „würzigen Hülsenfrucht" ein, und die Lösung ist natürlich „Linse". In allen
deutschen Zeitschriften, die Kreuzworträtsel enthalten, taucht
neuerdings die Linse auf, und zwar in erfreulichem, positi-
vem Zusammenhang. So verbreitet sich allmählich die Asso-
ziation „Linse - würzige Hülsenfrucht"."

„Und dann?"

„Dann stehen die Leute im Supermarkt, lassen die Augen über
die Packungen gehen und greifen fast automatisch nach der
Linsentüte, von unterschwelligen Impulsen geleitet."

„Großartig. Was zahlst du der Kreuzwortfrau?" fragte die
praktische Lotti.

„Sie steht bei mir im Stücklohn. Monatlich rechnet sie ab
und bekommt zehn Mark pro Linse, nach der in einem Rätsel
gefragt wurde. Die kleinste Anzeige käme uns hundertmal
teurer und hätte möglicherweise gar nicht diese Wirkung."

Lotti Koch dachte nach.

„Wenn ich mich hier irgendwann einmal spezialisieren könnte, würde ich gern bei dir PR lernen, Tango! Ich glaube, da
kannst du ein rechter Teufel sein, wie?"

Tango schmunzelte.

„Und das möchtest du auch werden, Lotti?"

Lotti nickte heftig und mit leuchtenden Augen.

*

Die Abwesenheit der Verbandsspitze wirkte sich kaum auf

die Tätigkeit des Deutschen Linsenverbands aus. Das Stangerl bestätigte die eingehenden Telefaxe, nahm Telefongespräche entgegen, notierte allfällige Wünsche und vertröstete die Anrufer mit höflichem Charme oder kumpelhafter Freundlichkeit. Lotti Koch besorgte die Geschäfte, soweit welche zu besorgen waren; Ben Coleman hatte sich die Blumenrabatten und Rasenflächen im Park vorgenommen, und Katharina Swoboda kochte nur mit halber Kraft und widmete sich im übrigen Anna-Linse, die sie vom ersten Augenblick an voll akzeptiert hatte. Aber eines Nachmittags... der Mann, der unvermutet in die Halle stürmte, trug den Ausdruck finsterer Entschlossenheit auf seinen Zügen. Er hatte den Kopf vorgereckt und die Fäuste geballt. Barbara erschrak. Dennoch lächelte sie auch diesen Besucher an. Honigsüß sogar. Abrupt stoppte er vor ihrem Rokokotischchen.

„Guten Tag! Was kann ich für Sie tun?" fragte das Stangerl. Der wütende Mann stemmte beide Fäuste auf den Tisch.

„Ich will den Direktor sprechen! Oder den Geschäftsführer, oder wer sonst diesen Laden leitet! Aber sofort!"

„Wen darf ich bitte melden?" fragte sie und nahm einen goldenen Kugelschreiber zur Hand.

„Watzlaff! Walterwilli Watzlaff, aus Neuruppin! Inhaber der Samenhandlung „Edelgold"!"

"Watzlaff' Das Stangerl schrieb den Namen nieder. „Wie schreibt man das, bitte?"

Dem Mann schwoll eine Zornesader auf der Stirn. „Edelgold?"

„Nein. Watzlaff. Mit ‚w' hinten?"

„Bin ich ein Ruß? Doppel-p, Sie!"

„Man kann ja nie wissen!" behauptete das Stangerl, stand auf und führte ihn in Grischa Costers' Büro. Aufgrund von Grischas Abneigung gegen ausgedehnte Korrespondenzen und umfängliche Büro-Organisation war es noch das am besten aufgeräumte. Watzlaff warf sich bebend in den Sessel. Das Stangerl schloß vorsichtig die Tür, dann war sie mit ein paar schnellen Schritten in Lotti Kochs Residenz.

„Lotti! Alarm! Da ist ein wilder Mann! Er heißt Watzlaff. Walterwilli Watzlaff!"

„Wo?"

„Ich hab' ihn in Grischas Büro geparkt. Er vibriert heftig und kocht in Kürze über! Du mußt ihn übernehmen!"

Lotti fuhr sich mit beiden Händen durchs Haar und blickte an ihrem Pulli und den Jeans herunter.

„Moment!" sagte sie, ging zum Wandschrank und riß die Tür auf. Als gelte es den Auftritt in einer Modenschau, riß sie sich den Pulli über den Kopf und streifte die Jeans herunter. Aus dem Schrank nahm sie ihr dunkelblaues Kostüm, fuhr hinein, schleuderte die Slippers von den Füßen und stieg in ein Paar schwarzgoldner Pumps, die ebenfalls zur Katastrophenausrüstung gehörten. Das Stangerl hatte inzwischen begriffen und fuhr Lotti mit der Rundbürste durchs Haar, während diese selbst das Make up überzeugend gestaltete.

„Okay?"

„Für einen wilden Mann aus Neuruppin mehr als genug." Lotti blickte auf die Uhr.

„Drei Minuten. Gute Zeit." Sie sprühte sich noch etwas „Calamité" an und ging zur Tür.

Als sie Grischas Büro betrat, erschrak sie ein bißchen. Bei dem Besucher hatte sich der innere Dampfdruck, wenn möglich, noch gesteigert, und er sah aus wie unmittelbar vor einer Explosion.

„Guten Tag, Herr Watzlaff!" neigte sie anmutig den Kopf und ließ sich hinter Grischas Schreibtisch nieder. "Ich bin Charlotte Koch, die Generalsekretärin des Deutschen Linsenverbands. Kann ich Ihnen irgendwie helfen?"

Walterwilli Watzlaff hatte offensichtlich Schwierigkeiten, die vorbereitete Rede loszuwerden, da ihm unvermutet eine Dame gegenübersaß und kein windiger Geschäftsführer oder Angestellter, auf den er seine Neuruppiner Kraftausdrücke gemünzt hatte.

„Also", begann er mit gepreßter Stimme, „ich komm' mit einer Beschwerde her! Mit einer saftigen Beschwerde! Um es ganz deutlich zu sagen, verehrte Dame, ich hab' den Bauch voller Zorn!"

„Aber warum denn, lieber Herr Watzlaff?" beugte sich Lotti ein wenig vor. Die Kostümjacke hatte einen ganz normalen Ausschnitt, aber da sie kaum Erwähnenswertes daruntertrug... Watzlaff riß sich von dem Anblick los und zwang sich, tief durchzuatmen.

„Vorletzte Woche", begann er, „hab' ich meine Herbsttour gemacht. Die Bestellungen aufnehmen. Gransee - 30 % weniger. Rheinsberg - 25% gestrichen. Fürstenberg - 20 % Einbuße gegenüber dem Vorjahr. Wusterhausen - überhaupt keine Bestellung. Ja, meine Herren, hab' ich gesagt, wieso denn plötzlich diese Reduktionen? Und was meinen Sie, was mir die Kunden gesagt haben? Sie bezögen jetzt preiswerter und vor allem Linsen! Linsen wären das Gebot der Stunde! Da gäbe es noch keine Ertragskontingentierung, und die Preise wären garantiert! Verstehen Sie das?"

Lotti verstand.

„Wir haben allerdings eine Menge Kunden gerade in den neuen Bundesländern."

Walterwilli Watzlaff schlug auf den Tisch.

„Aber so geht das doch nicht! Man kann doch so nicht einfach die Existenz des kleinen Mannes vernichten! Ich hab' mir meine Samenhandlung Edelgold mühsam nach der Wende aufgebaut, ich muß meine Frau und meine alte Mutter und die fünf Kinder mit dem Samenhandel ernähren, aber wenn ich jetzt von meiner Tour zurückkomme, dann habe ich ein Viertel weniger verkauft, und Not kehrt ein in unserem Haus! Dann wissen wir wirklich nicht mehr, wovon wir alles bezahlen sollen, nachdem die Preise überall so gestiegen sind! Sie haben's leicht, von hier aus eine Konkurrenz aufzubauen, die mich an die Wand preßt."

Walterwilli tat Lotti leid. Diesen Aspekt des Geschäfts hatte wohl keiner im Deutschen Linsenverband bedacht. Sie drückte auf den gelben Knopf von Grischas Telefonanlage. Diesmal dauerte es etwas länger, bis Katharina Swoboda erschien, da sie ihre Zeit hauptsächlich Anna-Linse und ihren Bedürfnissen an Spaziergängen und Unterhaltung widmete.

„Womit kann ich bedienlich werden?" fragte sie.

„Sie nehmen doch auch einen Kaffee, Herr Watzlaff?" fragte Lotti. Walterwilli nickte grämlich.

„Und einen Cognac, Frau Swoboda!"

„Gern!" Sie verschwand und knatterte ein bißchen mit der gestärkten Schürze.

„Ich bin sicher, daß wir einen Weg finden, um Ihnen zu helfen", versprach Lotti hinhaltend. Ihre Gedanken jagten sich. Was konnte sie tun, um diesem frustrierten Samenhändler entgegen zu kommen? Sie hatte den Vertrag mit Maria von Schnelz-Wahnfeld getippt und den mit Onkel Hellmuth. Konnte sie Walterwilli Watzlaff nicht zum selben Status verhelfen? Bislang hatten sie nicht einmal die alte Bundesrepublik abgedeckt, geschweige denn die Neuen Bundesländer. Katharina Swoboda erschien mit dem Kaffee und der französischen Cognacflasche. Sie schenkte ein.

„Zum Wohl, Herr Watzlaff!"

„Zum Wohl!" Er trank den Kaffee in kleinen Schlucken, ließ jedoch den Cognac hinterherlaufen, als sei er eine lebensrettende Medizin.

„Ich sehe ein, daß Sie versuchen, Ihre Verluste wieder hereinzubekommen, Herr Watzlaff!" sagte Lotti, „und wir wollen Ihnen dabei auch gern helfen. Wären Sie damit einverstanden, unsere Vertretung für das Gebiet zu übernehmen, in dem Sie arbeiten?"

Watzlaff horchte auf.

„Vertretung?"

„Natürlich nur für Linsen. Wir arbeiten nicht mit anderem Saatgut. Aber wenn Sie für uns Linsenaufträge akquirieren, würde die Provision wohl ungefähr die Verluste decken, die Sie durch die entgangene Handelsspanne haben." Lotti wußte selbst nicht, wie ihr diese komplizierten Fachausdrücke plötzlich so glatt über die Lippen gingen. Watzlaff brauchte eine Zeit, bis ihm aufging, welch' großzügiges Angebot da vor ihm lag.

„Ja, aber... das wäre ja... dann könnte ich tatsächlich... ich weiß nicht, wie ich Ihnen danken soll!" brachte er mühsam hervor.

„Wenn Sie einverstanden sind, könnten wir gleich den Vertrag machen!" sagte Lotti, schenkte ihm noch einmal ein und stand auf. „Ich habe ihn im Computer und muß ihn nur schnell noch ausdrucken... lassen!"

"Aber sicher! Ich bin hoch einverstanden!" beteuerte der erfreute Samenhändler. Lotti ging hinaus. Das Stangerl blickte ihr unsicher entgegen.

„Du lebst noch? Kann ich irgendetwas tun?"

„Später vielleicht. Ich bin dabei, den wilden Mann als Vertreter zu engagieren. Die Gelegenheit ist günstig, und ich glaube, er hat es nicht verdient, daß ihm der Deutsche Linsenverband das Wasser abgräbt, das ihm sowieso schon bis zum Hals steht."

„Was ist mit dem Wasser?" fragte Barbara verständnislos. Lotti winkte ab.

„Vergiß es! Bete lieber, daß er noch halbwegs bei Verstand unterschreibt. Ich habe ihn mit der Cognacflasche alleingelassen!"

*

Als das Stangerl die Post hereinbrachte, saß Lotti Koch schon über mehreren Schreiben und hatte den Kopf in beide Hände gestützt.

„Rechnungen?"

„I wo! Wenn das Rechnungen wären, würde ich sie in die EDV eingeben und bezahlen. Das hier sind Bewerbungen!"

„Um was? Halten sie etwa alle um deine Hand an?"

„Schön wär's. Walterwilli Watzlaff ist leider kein Einzelfall geblieben. Seit er in seine Heimat zurückgekehrt ist und seiner alten Frau und der traurigen Mutter und den fünf Kindern die Aussicht auf baldigen Wohlstand mitgebracht hat, muß sich die Sache herumgesprochen haben. Wir werden mit Bewerbungen um die Position eines Orts- und Gebietsvertreters in den Neuen Bundesländern eingedeckt. Von Greifswald bis Plauen im Vogtland scheint die gesamte Saatguthändlerschaft aufgestört."

„Und was machst du damit?"

„Wenn unsere Großen noch ein paar Wochen wegbleiben, baue ich ihnen eine blühende Vertreterorganisation auf. Wollen wir?"

Das Stangerl nickte mit roten Wangen.

„Und dann machen wir eine Vertretertagung und gehen mit denen abends in die Altstadt!"

„Okay. Sie werden mir den Kopf abreißen, aber ich kann nicht anders. Ich muß immer daran denken, wie die armen Kerle abends heimkommen und zu wenig Aufträge in der Tasche haben, um all' diese schrecklich vielen Kinder und die alten Mütter zu ernähren. Ich weiß, wie das ist, wenn man ohne Knete dasteht. Ich engagiere sie alle! Und wenn es Costers nicht paßt, soll er sie wieder feuern! Gib mir die Post, Barbara. Was haben wir denn sonst noch?"

„Bestellungen", murmelte das Stangerl. „Alle Welt will Linsen haben."

„Warum auch nicht? Wir handeln ja damit! Und unser Terminplan? Gibt es da etwas zu beachten?"

„Ja - hier ist für heute abend eine Einladung eingetragen. Ich kann's nicht richtig entziffern, aber es sieht fast aus wie die Jemenitische Handelsmission!"

Lotti sprang auf und trat neben sie.

„Au wei! Das Essen mit dem Emir hab' ich ganz vergessen! Sollte ich absagen und habe es nicht getan! Was jetzt?" Sie sah auf die Uhr. „Zu spät. Die Jemeniten decken schon den Tisch und stellen die Getränke kalt."

„Wo findet das denn statt?"

„In Godesberg. Im „Chez René". Das läßt auf ernste Absichten schließen. Das „Chez René" ist gut und teuer. Tango hat mir davon vorgeschwärmt."

In des Stangerls Augen kam ein gefährliches Glitzern.

„Muß man da eine Rede halten oder Geschäfte machen?"

„Quatsch. Dabei sein ist alles. Wie bei den olympischen Spielen. Gesehen werden und ein bißchen nett sein zu den Wüstensöhnen."

„Gut angezogen?"

„Natürlich."

„Du - ich habe doch das schwarze Kleid. das ich mir in Paris gekauft habe, in dem Second hand-shop an der Porte de Clignancourt."

„Ja?"

„Und den Straßschmuck. Straß ist immer noch ganz doll in. Und sieht klasse aus."

Lotti musterte sie streng.

„Du willst also zu den Jemeniten!"

Das Stangerl nickte.

„Es ist ja sonst niemand da, der den Linsenverband vertritt! Die Jemeniten sollen super sein! Ich habe mal welche im Fernsehen erlebt. Alle mit Leibwache, scharf geschliffene Säbel und so. Und Gewänder - direkt wie aus der Wüste! Ich wollte schon immer mal in den Jemen, aber wenn die Jemeniten hierherkommen, habe ich sie ja zum Nulltarif!"

„Okay", sagte Lotti Koch und kam sich tatsächlich wie die Generalsekretärin des Deutschen Linsenverbands vor. „Hier ist die Einladung. Aber trink' nicht zuviel, und laß' dich auf nichts ein, verstanden? Ich meine, im Zusammenhang mit dem Linsenverband!"

„Danke, Lotti! Soll ich dir einen Jemeniten mitbringen?"

„Sieh lieber zu, daß du dir keinen einfängst!" Sie kehrte an ihren Computer zurück. „Ich engagiere jetzt lauter Untervertreter, und du gehst wieder auf deine Telefone und Telefaxe aufpassen, bis Katharina das Essen fertig hat. Was gibt es überhaupt?"

„Lungenstrudelsuppe. Seit sie Mutterstelle an Anna-Linse vertritt, hat sie kaum noch Zeit, etwas Ordentliches auf den Tisch zu bringen. Es wird Zeit, daß Babett wiederkommt!"

*

Sie kamen schon am übernächsten Tag zurück. Ben Coleman holte sie vom Flugplatz ab, und der freudige Empfang fand in der Halle statt. Lotti eilte herbei und wurde von Babett umarmt, und auch das Stangerl bekam einen schwesterlichen Kuß.

„Was gibt es neues?" fragte Günter Wagner, braungebrannt und mit einem gewissen weltmännischen Flair behaftet. Frau Swoboda entstieg ihrem Souterrain; ihre weiße Schürze leuchtete im steten Dämmer der Eingangshalle. Mit festem Schritt trat sie auf Babett zu, die ein bis dahin unbekanntes pflaumenfarbenes Reisekostüm aus Leder trug, und drückte ihr Anna-Linse in die Arme.

„Daß Sie nur wieder da sind, gnädige Frau!" sagte sie. „Sie hat's kaum abwarten können, die Anna-Linse, und ich auch nicht!"

Babett nahm ihre Tochter. Sie war merklich schwerer geworden. Anna-Linse blickte ihre Mutter mißtrauisch an und wandte sich dann angewidert von der ihr völlig fremd gewordenen Frau ab.

„Ich fürchte, da ist einiges in Ordnung zu bringen", murmelte Babett. „Wir sind einander einigermaßen entwöhnt, wie?"

Grischa Costers kam hinter Ben, der die Koffer trug. Zur Feier des Tages hatte er sich in eine schwarze Latzhose mit brandrotem Rüschenhemd gekleidet. Lotti konnte kaum die Augen von ihm wenden.

„Na?" fragte Costers jovial, „besteht der Linsenverband noch? Ist die Handelsgesellschaft inzwischen pleite?"

„Sie!" fuhr ihn Lotti empört an, „die Firma geht einmalig! Das Geld strömt herein, die Linsen gehen hinaus, und ich habe acht neue Vertreter engagiert!"

„Und ich habe den Linsenverband bei den Nordjemenitischen vertreten!" ergänzte das Stangerl. „Mein Tischherr war ein Oberst, der Terroristen ausbildet, und auf der anderen Seite saß einer, der vielleicht bald Minister wird!"

Günter Wagner wischte sich über die Stirn.

„Ich glaube, wir machen uns schnell ein wenig frisch und trinken dann zusammen einen Schluck an der Bar im Kommunikationszimmer! Möglicherweise vertragen wir weitere Neuigkeiten auf dieser Ebene dann besser!"

„Wenn's recht ist, möcht' ich auch bald servieren", bemerkte Katharina Swoboda. „Hab' ich zum Willkomm gemacht eine Karlsbader Selchfleischsuppe mit Biscuit-Haschee-Roulade, dann ein Rindsfleisch auf Krammetsvogel-Art mit Schkubanken, und endlich wird es geben Vanillekipferl gefüllt."

Babett wandte sich an ihren Gatten, der ihr Anna-Linse abgenommen hatte und mit ihr herumalberte.

„Weißt du, Lieber - das ist es, was mir beispielsweise in Hammamet gefehlt hat, als es nach dem Reis mit Hammelhoden und Rosinen noch Datteln in Pfefferminzsauce gab! Reich' mir unser Kind; mich hungert!"

*

Nach der opulenten Speisefolge zogen sie sich zum Espresso in die Sessel-Ecke zurück, und auch Babett steckte sich eine Zigarette an.

„Sie rauchen?" wunderte sich Lotti Koch.

„Türkische, ja. Irgendeine Unart bringt man ja immer aus fernen Ländern mit. Wie ist übrigens die Finanzlage unserer kleinen Schicksalsgemeinschaft?"

Lotti reichte ihr den Computerausdruck, den sie vorsichtshalber schon gemacht hatte. Babett runzelte die Stirn.

„Das sieht nicht gut aus."

„Aber es ist doch eine Menge Zahlungen eingegangen!"

„Eben. Das ist es ja. Wir wollten auf der Reise abzugsfähige Kosten verursachen. Aber in Monte Carlo hat Tango ziemlich großzügig im Roulette gesetzt, Plein und Carré und so - was weiß ich. Und ehe sie sich's versah, hatte sie einen irren

Haufen Chips vor sich liegen. Zu Tode erschrocken hat sie dann alles auf eine Zahl geworfen, damit sie nicht mit ausgebeulten Taschen voller Geld aus dem Laden herausgehen mußte - und wie beinahe zu erwarten, kam eben diese Zahl. Es heißt, man hätte ihr tragen helfen müssen, und so kommen wir nicht viel ärmer von der Reise zurück, als wir gestartet sind."

„Ist denn sonst noch etwas herausgekommen?" fragte Lotti ungerührt.

„Allerdings. Die Leute rings ums Mittelmeer scheinen an Linsen höchst interessiert. Ich diktiere nachher das Resumé. Wenn wir uns jetzt nicht sehr zurückhalten, steht in ein paar Wochen die europäische Linsen-Föderation, und du mußt Französisch lernen. Als Verhandlungssprache mit unseren Partnern im Nahen Osten."

„Uij eh!"

Grischa schenkte sich einen Calvados ein.

„Eines haben wir jedenfalls gelernt unterwegs: wir arbeiten zuviel. Alle hier arbeiten zuviel. Der Erfolg gebiert den Erfolg, aber es kann nicht Sinn des Deutschen Linsen-Verbands sein, uns vorzeitige Magengeschwüre und Herzinfarkte zu bescheren. An einem schönen Abend auf der Spanischen Treppe in Rom haben wir beschlossen, das zu ändern. Babett?"

Babett warf noch einen Blick auf die Abrechnung des unbestechlichen Computers.

„Ursprünglich - an jenem Abend in Rom - hatten wir an ein kleines Häuschen gedacht, wo wir abwechselnd ausspannen können. Ein paar Tage in idyllischer Umgebung, an der holländischen Küste vielleicht oder in den Ardennen. Aber mit diesem Saldo im Nacken sollten wir uns doch nach etwas Größerem umsehen. Ich denke an eines der alten Wasserschlösser in der Eifel, nicht zu weit von hier entfernt, aber doch abgeschieden. Eingebettet in die waldigen Hügel, an einem klaren, sprudelnden Bach gelegen, mit Fischteichen und grünen Wiesen."

„Gleich ein ganzes Schloß?" riß das Stangerl die Augen auf.

„Warum nicht? Man kriegt sie schon recht preiswert. Was an Komfort fehlt, kann Paul mit seinen polnischen Spezialisten einbauen."

Tango nickte und sah liebevoll zu ihrem Willmuth hinüber, der mit einem kleinen elektronischen Glücksspielautomaten spielte, den er sich auf dem Basar in Tanger gekauft hatte.

„Wir sollten uns wirklich um so etwas kümmern", sagte sie und trommelte mit der schmalen, aristokratischen Hand auf die Sessellehne. „Weiß der Teufel, was Grischa nächste Woche aus Brüssel mitbringt - mehr Geld auf jeden Fall, aber leider wohl auch zusätzliche Arbeit. Ich bin schon froh, daß dieser Rieselberger die Deutsche Linsen-Handelsgesellschaft mit soviel Elan unter seine Fittiche genommen hat und mir unsere Werbeagentur einige Arbeit abnimmt, aber es bleibt doch regelmäßig mehr zu tun, als uns lieb sein kann! Außerdem brauche ich eine standesgemäße Kulisse für unsere bevorstehende Eheschließung!"

„Ihr wollt heiraten?" fuhr Grischa auf. „Wann habt ihr das denn beschlossen? Auch auf der Spanischen Treppe?"

„Nein", lächelte Tango sanft und strich über Willmuths Hand, der sie geistesabwesend zur Faust ballte. „Auf der Fähre nach Gibraltar, als uns beiden so schlecht war!"

*

In einem idyllischen Wiesental zwischen den bewaldeten Bergen lag ein trutziges Schloß mit vier richtigen Türmchen und Zugbrücke vor ihnen.

„Sieh dir das an, Babett!" sagte Tango. „Sieht es nicht aus, als ob Schneewittchen da schliefe?"

„Dornröschen, meinst du?"

„Na, irgend so eine schläfrige Märchentante halt!"

„Ja. Und das ist Hillenbroich?"

Tango löste die Handbremse und ließ den Wagen zu Tal rollen.

„Das ist Hillenbroich. Gehört den Müllerhenkes. Amelie

Müllerhenke ist mit mir in eine Klasse gegangen."

„Bei der ehrwürdigen Mutter Maria?"

„Ja. Man schrieb es Amelie zu, daß damals der Zeichenlehrer die Schule verlassen mußte und durch eine stand- und glaubensfeste ältere Nonne ersetzt wurde. Später hat sie es dann munter getrieben, die Amelie, und als die Reife über sie kam mit der Einsicht, daß sie kaum noch etwas Besseres bekommen würde, hat sie Müllerhenke geehelicht."

„Sollte ich den kennen?"

„Sicher nicht. Es sei denn, du wärest auf Müllerhenkes gegrillte Eifelhähnchen wild."

„Gott soll mich schützen! D e r Müllerhenke?"

„Hm." Tango stoppte den Wagen vor dem Burgtor; sie stiegen aus, und Tango drückte auf den Knopf der Sprechanlage.

„Ja, bitte?" quakte es ungnädig aus dem Lautsprecher.

„Frau von Dahlen und Frau Wagner. Melden Sie uns Frau Müllerhenke!"

Tango hatte arrogant ihre Nase hochgereckt. Wenig später knarrte die Pforte, und eine hagere, schwarz gekleidete Frauensperson bat sie unfroh herein. Hinter dem Burgtor erstreckte sich ein verwunschener Schloßhof mit einem plätschernden Brunnen und einer Freitreppe ins Schloß. Drinnen gerieten sie in eine Halle, deren Boden mit großen Steinplatten ausgelegt war, und durch hohe Flügeltüren in einen Salon.

"Grüß' dich, Amelie!" sagte Tango. Eine pralle Blondine, deren aufgetürmtes Haar zwischen Blond und Violett changierte, fuhr aus einem Sessel hoch und nahm die Füße vom Hocker.

„Tango! Daß man dich einmal wiedersieht! Nehmt Platz, macht es euch gemütlich!"

Babett fragte sich, wie sie das in dieser überladenen Umgebung wohl anstellen sollte. Das Schloß gefiel ihr auf den ersten Blick, es war wohl auch zu haben, aber wenn sie es tatsächlich kauften und Müllerhenkes auszogen, würden die allerhand mitnehmen müssen. Die hagere Frau erschien und brachte ein wenig Kaffee und Plätzchen. Irgendwie fühlte sich Babett von Grabesluft angeweht.

„... glücklicherweise auf deine Anzeige gestoßen, Liebes!" hörte sie Tango sagen.

„Ja", nickte Amelie und schob ihr eine Tasse zu. „Ich will hier 'raus !"

„Wie geht es denn deinem Mann?"

„Müllerhenke seh' ich kaum noch. Entweder hockt er in seiner Fabrik in Avenhagen und läßt noch mehr Hähnchen ausbrüten und braten, oder er fliegt in der Welt umher und eröffnet eine Filiale nach der anderen. Jetzt ist gerade der frühere Ostblock dran. Ich weiß nicht, was er daran findet. Ich war froh, als ich endlich in den Westen kam, aber er hat einen Narren an den Tschechen und Ungarn und Polen gefressen!"

„Na, immerhin bist du ja hier ganz hübsch untergebracht!" meinte Tango mokant. Amelie klirrte mit ihren schweren Armbändern aus purem Golde, als sie eine wegwerfende Handbewegung machte.

„Untergebracht? Begraben! Bei lebendigem Leibe begraben! Ich habe nie begriffen, warum Müllerhenke diesen abgelegenen, alten Kasten kaufen mußte! Ach, Tango - wie schön könnte ich es haben in einer hübschen, komfortablen Etage! In Düsseldorf, am Oberkasseler Ufer! Oder in Köln, im Hahnwald!"

„Nun, ja... vielleicht findest du ja dort etwas. Jedenfalls wollt ihr dies hier verkaufen?"

Amelie nickte.

„Ich will verkaufen! Müllerhenke hat mir die historische Bruchbude überschrieben, und ich möchte sie so schnell wie möglich loswerden. Auch unter Preis, wenn sich nur jemand dafür findet!"

Babett fand, daß man einen Menschen, der so stürmisch nach der Landeshauptstadt verlangte, nicht an dieses Schloß binden sollte. Für den Deutschen Linsenverband war es ideal. Anna-Linse würde es zur Schule nicht weit haben, denn ein Stückchen das Tal hinunter schimmerten die roten Dächer des Dorfes durch die Bäume, und später das Gymnasium wurde ja wohl von einem Schulbus angefahren. Hier konnte man die Gäste des Verbandes unterbringen, und vor allem die ausländischen würden sich mitten im deutschen Märchenwald angenehm berührt fühlen.

Amelie ging hinaus.

"Sie will wirklich verkaufen", stellte Tango fest. „Sie holt schon die Papiere. Was können wir anlegen, Babett?"

„Was will sie haben?"

„Gekauft hat Müllerhenke für anderthalb Millionen, aber ich glaube, die hat er nochmal für die Erhaltung und Modernisierung hineingesteckt. Sie will es uns für Einsdrei lassen, ohne die Ländereien, für die sie schon einheimische Käufer hat."

„Was sollen wir mit Ländereien? Drücken wir sie auf Einszwei. Das können wir zahlen. Wenn uns nicht noch wesentliche Mängel bei der Besichtigung auffallen."

„Ich denke, das kriegen wir hin. Amelie will mit aller Macht hier hinaus."

Babett nickte entschlossen.

„Und ich will mit aller Macht hier hinein!"

*

Babett präsentierte dem Deutschen Linsen-Verband den Kaufvertrag für Schloß Hillenbroich mit der Miene eines Feldherrn, der die gegnerischen Linien im Handstreich und ohne größere Verluste aufgerollt hat.

„Es bleibt sogar noch genug für gewisse Umbauten, die wohl notwendig werden", sagte sie. Grischa horchte auf und setzte sein Glas ab.

„Was dürfte das sein? Ich kenne das Schlößchen nicht, aber damit es als Erholungsheim für die Belegschaft steuerlich abzugsfähig wird, ist doch sicher nicht mehr viel zu verändern?"

Günter Wagner lächelte versonnen.

„Babett fühlt sich Mutter", erklärte er.

„Mit Recht!" nickte Grischa. „Den Beweis dafür hab' ich gelegentlich auf dem Schoß!"

„Sicher. Aber geht es um ein erneutes Gefühl der Mutterschaft", erklärte Günter. „Der Deutsche Linsenverband erwartet abermals Nachwuchs."

„Gratuliere! Also ein zweites Kinderzimmer."

Tango spielte mit einem Mehrfarbenkugelschreiber, einem Werbegeschenk der Badischen Fruchtverwertung.

„Drei..." sagte sie und ließ das Wort in den Raum perlen.

„Du auch?" fuhr Grischa herum. Daddy Rethlevsen schmunzelte im Hintergrund.

„Da wir ohnehin auf Hillenbroich heiraten... mit allem, was dazugehört, wie Schleier, Feuerwehrkapelle, Brautjungfern und Huldigung der eingesessenen Dorfbevölkerung vor unserem verwunschenen Traumschlößchen... warum noch warten?"

„Also ziehen wir nach Hillenbroich. Mir genügt es, wenn ich zweimal in der Woche herkomme und in der Buchhaltung nach dem Rechten sehe, und Tango kann ihren Job größtenteils per Telekommunkation besorgen", sagte Babett. „Übrigens wird dadurch ja wohl einiges hier im Hause frei. Wollen wir nicht die Lotti fragen, ob sie hier Wohnung nehmen will? Sie wird immer besser, und wir können ihren Aufgaben- und Verantwortungsbereich getrost erweitern!"

„Tatsächlich! Wie sie völlig selbständig die Vertreterorganisation der Linsen-Handelsgesellschaft während unserer Abwesenheit aufgezogen hat - das war schon klasse!" bestätigte Günter. „Wozu wollen wir sie machen?"

„Leiterin der Stabsstelle Organisation", schlug Willmuth vor, der den Blick nur kurz von seinem elektronischen Zauberkästchen hob und dann wieder die roten gegen die grünen Blimps fechten ließ.

„Stabsstellen sind was Feines!" stimmte Tango zu. „Wer heute etwas ist in der Industrie, hält sich schon längst keine Abteilungsleiter mehr, sondern läßt Stabsstellen verwalten. Morgen taufe ich meine PR- und Presse-Abteilung um. In ‚Stabsstelle für Information und Kommunikation'. Jemand dagegen?"

„Keineswegs, Liebste", sagte Willmuth und rappelte sich aus seinem Sessel hoch. „Wenn ich dann ‚Stabsstelle für Volks- und Betriebswirtschaft' werde, lasse ich mir neues Briefpapier drucken und schreibe meinem alten Professor einen Brief. Der war nämlich stets der Meinung, ich würde es nie weiterbringen als zum Sachbearbeiter einer kleinen Hausratversicherung."

„Gut also", resümierte Babett. „Wir legen ihr natürlich auch noch etwas zu, nicht wahr?" Sie griff zum Haustelefon, das entgegen der ursprünglichen Planung doch noch im Kommunikationszimmer installiert worden war - einfach weil keiner von ihnen bereit war, gelegentlich aufzustehen und irgendetwas bei Katharina Swoboda zu bestellen, wenn ihn ein Gelüst ankam.

„Meinst du, sie ist noch da?"

„Lotti ist fast immer da."

„Ich möchte wissen, wann sie ihr Privatleben betreibt!" fragte Willmuth. Tango von Dahlen wußte es.

„Immer, wenn Ben Coleman frei hat."

„Ja. Wundert das jemanden? Ben ist ein Bild von einem Kerl und ausgesprochen vielseitig verwendbar!"

Grischa erhob sich.

„Macht das mit ihr ab, ja? Ich muß meine nächsten Reisen vorbereiten. Morgen werde ich in Hohenkahlau erwartet. Die Hohenkahlauer - sie schreiben sich mit einem ‚h' in der Mitte und legen großen Wert darauf - haben sich von Maria von Schnelz-Wahnfeld ein Fuder Linsenstroh besorgt und es untersucht. Und wie es sich für eine landwirtschaftliche Forschungseinrichtung gehört, sind sie zu Aufsehen erregenden Ergebnissen gekommen. Was Tango einmal in einem Vorstadium der Trunkenheit behauptete, ist Tatsache: Untergepflügt, verbessert das Zeug wirklich die Bodenstruktur und den Mineralhaushalt der Böden. Das wird morgen feierlich bekanntgegeben, im Beisein zahlloser Würdenträger. Einige

Bundesverdienstkreuze dürften schon bereithängen, und der Deutsche Linsenverband steht wieder einmal ganz groß da."
Lotti Koch trat ein, etliche Papiere in der Hand. Sie näherte sich mit geschmeidigem Raubtiergang, der möglicherweise aus der engeren Bekanntschaft mit Ben Coleman entstanden war, und breitete ihre Mappe auf Babetts Knien aus.
„Das ist der Rest für heute!" sagte sie.
„Was ist es denn?"
„Der Rechenschaftsbericht für die EG-Stützungskommission mit der Aufschlüsselung unserer Hilfsmaßnahmen für die darbenden Linsenbauern. Natürlich nur prozentual aufgeschlüsselt, aber ich habe das Computerchen eine farbige Grafik zeichnen lassen, und da sieht das recht gut aus!"
„Das kann er?" wunderte sich Babett.
„Das muß er können! Hier... bitte die Unterschrift!"
„Und was ist das?"
„Die Steuererklärung. Willmuth kann notfalls mehr dazu sagen; ich habe nur festgestellt, daß wir fast alles steuerwirksam ausgegeben haben, was hereinkam. Als e.V. haben wir ziemlich viel steuerfrei... hier links bitte unterschreiben!"
Babett unterschrieb und maß Lotti mit einem schrägen Blick.
„Du machst das alles recht gut, nicht wahr?"
„Ich hoffe. Warum? Hat sich jemand beschwert?"
„Im Gegenteil. Hol' dir erst mal etwas zu trinken!"
Lotti gehorchte und ging panthergleich zur Bar. Zielsicher griff sie nach dem alten Bourbon und schenkte sich ein. Dann kehrte sie zu Babett zurück und kuschelte sich zu ihren Füßen auf den weichen Teppich.
„Ich werde demnächst wegen erneuter Schwanger- und Mutterschaft nicht mehr voll zur Verfügung stehen", erklärte Babett in stark geraffter Darstellung. „Du mußt wahrscheinlich noch etwas mehr übernehmen und auch verantworten. Dafür bekommst du zwei Angestellte und wirst Leiterin der Stabsstelle interne Organisation, mit entsprechend höherer Dotierung. Einverstanden?"
Lottis Augen glänzten.

„Super! Ich krieg' zwei Angestellte?"

„Tango kann dir beim Aussuchen helfen. Außerdem - überleg' mal, ob du nicht hierher ziehen willst. Es wird was frei, wenn wir nach Hillenbroich übersiedeln!"

Lotti schnurrte vor Behagen.

„Ich erinnere mich noch, wie ich bei Tango zum Vorstellungsgespräch war und wir dann unten in der Küche Kaffee gekocht haben", sann sie. „Irgendwie hatte ich gleich das Gefühl, daß ich hier richtig war. Wir werden sehen, daß die neuen zu uns passen. Dann läuft der Laden. Übrigens, Tango - deine Buchung nach München ist perfekt!"

„Was willst du in München?" gab sich Willmuth überrascht.

„Der Fast-Food-Kongreß. MacDonald überlegt sich einen „Linsen-Mac", und Burger King ist dahintergekommen und plant einen „Linsenburger", und ich will versuchen, die Werbekampagnen für beides irgendwie zu koordinieren. Insgesamt bewerben sich acht große Werbeagenturen um die Etats. Eine davon hat uns heute schon die auf echt präparierte Palme geschickt, die in der Halle steht."

„Und ich bin übermorgen auf der Jahrestagung des BDMVG in Wiessee", knurrte Willmuth. „Da werde ich mir wieder den Magen an all' den kalten und warmen Buffets überladen und bei Wasserfalls Ansprache einschlafen. Dabei weiß ich noch immer nicht, was „BDMVG" eigentlich heißt. Bis „Bundesverband Deutscher..." bin ich schon gekommen, aber dann rastet bei mir immer eine Sperre ein. Obwohl sie mir monatlich dreieinhalbtausend als Aufwandsentschädigung überweisen."

Tango lächelte sanft.

„Dann solltest du auch nicht weiter fragen", sagte sie und ging zur Bar.

*

Gegen halb fünf am Nachmittag meldete das Stangerl einen gewissen Dr. Wiesentheu, der jemanden von der Verbandsspitze sprechen wollte. Lotti warf einen Blick auf den Terminkalender.

„Hier ist kein Dr. Wiesentheu angemeldet. Außerdem sind sie alle mal wieder ausgeflogen, Babett nach Hillenbroich, um die polnischen Restauratoren zu überwachen, Günter in Berlin, Tango natürlich in Bonn, und Grischa Costers in Brüssel."

„Und Willmuth?"

„Das weiß Gott allein. Möglicherweise mit dem Schaufelbagger bei der roten Rita. Was will der Dr. Wiesentheu denn?"
Das Stangerl forschte den Besucher anscheinend aus, denn dann sagte sie: „Das kann er nur persönlich mitteilen!"

„Dann schick' ihn in den kleinen Salon. Ich komme!"
Sie machte sich ein bißchen fein und ging federnd hinüber. Dr. Wiesentheu stand etwas verloren im kleinen Salon, der ihm sichtlich imponierte, und zwinkerte Lotti zu. Das war jedoch die reine Verlegenheit und keineswegs ein unzulässiger Annäherungsversuch. Lotti erkannte sofort die innere Not dieses Besuchers und bat ihn in den Besuchersessel.

„Koch", sagte sie kurz. „Ich bin Leiterin der Stabsstelle innere Organisation. Ich fürchte, Sie müssen mit mir vorlieb nehmen, denn die gesamte Verbandsspitze ist außer Haus. Wenn Sie vorher angerufen hätten..."

„Ich weiß, ich weiß, und ich muß mich entschuldigen. Aber es ergab sich so, daß ich... sozusagen spontan, da ich gerade in Köln weilte.. vielleicht fügt es sich sogar glücklich, daß gerade Sie..."
Lotti beobachtete, wie seine Hände miteinander rangen. Der arme Kerl dauerte sie. Nun hatte er sich extra in den dezent gemusterten Anzug geworfen und eine zurückhaltend lila gepunktete Krawatte umgebunden und war doch so nervös wie ein Schüler auf der letzten Bank vor dem Abitur!

„Darf ich Ihnen etwas anbieten? Einen Kaffee?"
Dankbar nickte Dr. Wiesentheu. Während Lotti bei Frau Swoboda die "Kombination" bestellte - Kaffee und Cognac und Vanillekipferl - fiel ihr plötzlich ein, wer dieser Dr.

Wiesentheu war. Willmuth hatte ihn mehrfach als einen seiner Hauptgegner bei der BDMVG erwähnt, zuständig für einige Gänsehäute, die ihm wegen dieser Vereinigung über den Rücken gelaufen waren. Frau Swoboda brachte die kleine Kombination, Lotti schenkte ein, und während Dr. Wiesentheu seinen Cognac herunterkippte, nippte sie am Kaffee.

„Mein Besuch, wenn ich es einmal so ausdrücken darf, sollte sehr vertraulich behandelt werden", sagte Wiesentheu, der allmählich wieder etwas Farbe bekam. „Sie wissen, daß ich beim BDMVG eine... nun, vielleicht nicht ganz unwesentliche Position bekleide. Unsere beiden Verbände sind ja durch die Person Ihres sehr geschätzten Herrn Dr. Willmuth verbunden, der bei uns im Beirat sitzt. Dennoch..." Sein Blick irrte zum Cognacglas, und Lotti schenkte ihm noch einmal ein, fast beleidigend gut bemessen.

„Danke. Dennoch... wo war ich stehengeblieben? Ach, ja - unsere Ziele sind realiter naturgemäß verschieden. Ja!"

„Sie vertreten die Importeure und Grossisten, während wir uns den Erzeugern widmen", nickte Lotti. Dr. Wiesentheu lehnte sich zurück und schlug die Beine übereinander. Dabei wurde vornehm gemusterte Socken sichtbar, aber auch lange Unterhosen. Daraufhin schenkte sich auch Lotti einen Cognac ein.

„Um es kurz zu machen, Frau Koch: ich bearbeite beim BDMVG unter anderem auch die marktpolitischen Zukunftsprojektionen. Dabei ist mir klargeworden, daß sich der Linsenmarkt im Umbruch befindet. Wahrscheinlich durch die intensiven Bemühungen des Deutschen Linsenverbands."
Lotti lächelte. Sie ahnte, wie der Hase lief.

„Ganz sicher", bestätigte sie. „Als wir anfingen, gab es keine deutsche Linsenproduktion. Und heute bearbeitet eine straff organisierte Vertreterschaft unserer Handelsgesellschaft das gesamte Bundesgebiet, und deutsche Linsen entwickeln sich zum Hit auf den deutschen Märkten."
Dr. Wiesentheu nickte schwer.

„Das habe ich auch erkannt. Bislang übrigens wohl als einziger im ganzen BDMVG. Die Zahlen liegen wohlverwahrt in meinem Tresor, aber irgendwann wird sich die Erkenntnis bahnbrechen, daß der BDMVG auf dem Linsensektor am besten die Schubladen zumacht, und dann wird Heulen und Zähneklappern sein."

Lotti Koch zuckte mit den Schultern.

„Aber Sie sind sicher nicht gekommen, um mit mir die Zukunft des BDMVG zu diskutieren?"

Dr. Wiesentheu gab sich einen Ruck. Er dachte noch einmal daran, wie er bei der Vorstandswahl kurz und schmerzhaft durchgefallen war, weil der Landesverband Lippe einen eigenen Kandidaten auf seinen Stuhl hieven wollte; er erinnerte sich der lebhaften Klagen Lorettas, die nun weiter ihren betagten Sportwagen fahren mußte, und seiner Frau, die nun ohne den versprochenen Wildnerz in Wanne-Eickel dahinkümmerte, und sagte männlich fest:

„Man muß wissen, wann es ratsam ist, das sinkende Schiff zu verlassen. Beim BDMVG sehe ich keine Zukunftsperspektiven mehr. Deshalb ohne Umschweife meine direkte Erkundigung, ob ich dem Deutschen Linsenverband meine Kenntnisse und Fähigkeiten zur Verfügung stellen kann!"

Das Stangerl kam herein und reichte Lotti eine eilige Notiz. Sie warf dem Dr. Wiesentheu einen mitleidigen Blick zu und stöckelte wieder hinaus. Dr. Wiesentheu konnte seinen Blick nicht von ihren langen Beinen in den durchbrochenen und mit Schmetterlingen dekorierten Strümpfen wenden. Wie glücklich mußte sich ein Verband schätzen, der solche Erscheinungen zum Dienst am Telefon abkommandieren konnte! Wie mußten da erst die Vorstandssekretärinnen aussehen! Mehr denn je brannte er nun darauf, in den Deutschen Linsenverband einzudringen. Lotti faltete das Papier zusammen.

„Auf eine kurze Frage eine ebenso kurze Antwort: das kann ich nicht allein entscheiden. Eine Position, wie sie Ihnen vorschwebt, ginge weit über mein Ressort hinaus. Ich will aber gern auf Vorstandsebene über Ihre Bewerbung berichten. Wie kann ich Sie erreichen? Doch sicher nicht über den BDMVG?"

lächelte sie vieldeutig. Dr. Wiesentheu zuckte zusammen und reichte ihr seine private Visitenkarte. Lotti dankte mit einem damenhaften Kopfnicken und stand auf. Auch Dr. Wiesentheu erhob sich. Wäre er auf Reichweite an Lotti herangekommen, hätte er möglicherweise einen Handkuß anzubringen versucht. So sehr war ihm die letzte halbe Stunde zu Herzen gegangen. Er murmelte fortgesetzte Dankes- und Abschiedsfloskeln, während er sich durch die Halle hinausbewegte. Im Vorüberstolpern verneigte er sich sogar vor dem Stangerl, das darob fast vor Lachen barst, und verschwand im trüben Licht des frühen Abends.

„Wer war denn das, Lotti?"

Lotti legte beide Arme auf den Tisch der Rezeption und stützte ihren Kopf darauf.

„Das war einer von denen, die mich jeden Abend dem Himmel danken lassen, daß wir es hier nur mit unseren lieben, sanften Käuzen zu tun haben und nicht mit den ernsthaften, zielbewußten und energischen Typen von der Managerebene! Zahlenmäßig ausgedrückt: der zweite Mann von der Gegenseite, der auf einmal lieber bei uns mitmachen möchte."

Im Hintergrund der Halle kündete Gepolter vom Nahen Willmuths.

„Hattest du Besuch, Lotti?" Er rieb sein schmerzendes Knie, mit dem er gegen einen Palmenkübel gestoßen war.

„Wieder mal ein wandelndes Stellengesuch. Fast hätte ich ihn engagiert. Dr. Wiesentheu vom BDMVG."

Willmuths Mund blieb offen. Dann bekreuzigte er sich.

„Wiesentheu? Diese Geißel der Tagungen und Kongresse?"

„Er sieht seine Felle beim BDMVG davonschwimmen und möchte sich unter unser goldenes Dach retten!"

„Daß ich das noch erleben darf!" sagte Willmuth und richtete seine Augen gen Himmel.

„Habe ich richtig reagiert, indem ich ihn vertröstet habe?"

„Lauf' hinter ihm her, drück' ihm eine Schaufel in die Hand, und sperre ihn in Rieselberges Linsen-Umschlaghalle ein!"

Lotti grinste.

„Mit seine-Feinde-lieben hat das aber nicht viel zu tun, wie?"
„Nein", sagte Willmuth fest. „Ich mag halt Leute nicht, die mich regelmäßig zu früher, feuchter Morgenstunde irgendwohin locken und zu Gratisvorlesungen über Volkswirtschaft animieren! Komm, wir gehen einen trinken!"

*

Die beiden blauen Möbelwagen rumpelten durchs Schloßtor hinaus. Babett winkte freundlich hinter der kleinen Karawane her.
„Das haben die doch recht ordentlich gemacht", meinte sie zu Tango. „Alles steht, wo es hingehört, und ist eingeräumt Gleich kommt Mäthes und hängt noch die letzten Lampen auf, und dann sind wir fertig." Sie bückte sich, nahm Anna-Linse auf, die im Gras krabbelte, und wandte sich zur Freitreppe. „Wo ist Frau Swoboda?"
„Vermutlich in ihrer Schloßküche. Du hättest sie sehen sollen, als sie zum erstenmal in die historischen Gewölbe kam!
„Mei", hat sie geschrien, „das ist ja richtige Kuchel wie in guter alter Zeit daheim!" Du hattest recht, Babett, daß du ihr den Rauchfang überm Herdfeuer nicht zumauern ließest. Wir werden zauberhafte Rostbraten haben und Lammschlegel und Hirschkeulen... hast du schon herausgefunden, wer hier die Jagd gepachtet hat?"
„Sie gehört zum Schloß. Ich habe mit dem Förster gesprochen, der zwar staatlich ist, aber auf unseren Wald mit aufpaßt. Wir brauchen ihm nur zu sagen, wonach uns der Appetit steht."
Sie stiegen die Freitreppe hinauf und begaben sich in die Halle. Hatte das Foyer des Deutschen Linsenverbands in Köln schon das Flair einer Kathedrale an der Loire gehabt, so erwartete man hier jeden Augenblick den Auftritt von Hellebardieren, Gewappneten und Edelknaben. Der Lärm im ersten Stock kam jedoch von Willmuth, der die Einrichtung seiner Bibliothek überwacht hatte und nach dem Treppengeländer tastete.

„Jemand hat sich meine Brille angeeignet!" klagte er. „Hoffentlich nicht diese Umzugsleute!"

„Bei deinen Dioptrien wäre der Wagen längst im Graben gelandet", meinte Tango. „Außerdem ragt sie aus der Brusttasche deines Hemdes!" Und zu Babett gewandt: „Willmuth wird hier wohl die Muße finden, sich auf seine Habilitation vorzubereiten. Die professorale Zerstreutheit pflegt er schon mit viel Erfolg, und so steht einer Karriere auf dem Lehrstuhl nichts mehr im Weg!"

Die Zugbrücke donnerte wieder. Es war der Mäthes, ein verschmitzter Frührentner aus dem Dorf, der die Lampen aufhängen kam. Mit einer Leiter auf den Schultern stieg er freundlich grüßend die Treppe hinauf.

„Er hängt auf?" fragte Willmuth und trat an die Wand, wo ein Ölgemälde hing, einen in Nadelstreifentuch gekleideten Herrn darstellend, der in Feldherrenpose vor seinem Bücherschrank erstarrt war. „Dann kann er dieses vielleicht auch abhängen? Ehe ich davon träume in der Nacht?"

Babett warf nur einen flüchtigen Blick auf das Portrait.

„Das ist noch einer aus dem Geschlecht der Müllerhenkes. Amelie hat es beim Auszug vergessen, aber versprochen, es abholen zu lassen. Mäthes kann es einstweilen in den Keller bringen. Übrigens habe ich festgestellt, daß wir auch einige frühere Gesindehäuser mitgekauft haben. Ich möchte, daß der Mäthes im Lauf der Zeit Gästezimmer daraus macht. Er kann mauern, zimmern, anstreichen - am besten binden wir ihn dauerhaft an uns!"

„Gästezimmer sind gut", stimmte Tango zu. „Der Deutsche Linsenverband gewinnt ständig an Bedeutung und kommt um gesellschaftliche Verpflichtungen nicht herum. Sicher finden sich im Dorf ein paar junge Frauen, die das alles dann auch in Ordnung und sauber halten!"

„Dafür", sagte Babett, „ist bereits gesorgt. Ich bin schließlich nicht in den Westen gekommen, um mir die Haut von den Händen zu schrubben - wenn es auch eine Zeitlang so aussah!"

Wieder dröhnte die Zugbrücke. Ein Wagenschlag klappte, und dann trat Grischa Costers in die dämmerige Halle.

„Na," sagte er aufgeräumt, „ich wollte doch mal sehen, wie es euch geht!"

„Dafür bist du den ganzen Weg in die Eifel heraufgekommen?" wunderte sich Tango.

„Ach - je öfter Ben die Strecke fährt, desto kürzer wird sie. Habt ihr einen Schluck zu trinken? Es ist die Dämmerstunde, wo die Igel still nach ihren Mäusen gehen!"

„Natürlich haben wir etwas zu trinken!" bestätigte Willmuth und schritt ihnen in den Salon voran. Im Kamin brannte ein Feuer, und auch die Heizung war schon in Betrieb und wärmte das herbstlich ausgekühlte Gemäuer. Auf einem Tisch standen verschiedene Flaschen geistigen Inhalts. „Die Hausbar ist noch nicht fertig. Der Dorfschreiner müht sich noch mit dem alten eifeler Milchschrank, den wir auf dem Dachboden gefunden und dazu ausersehen haben. Was magst du, Grischa?"

„Cointreau. Übrigens hat mich die Lotti gefragt, ob sie nicht zu Ben in die Hausmeisterwohnung ziehen darf, wo doch Katharina Swoboda jetzt hier wohnt. Ich habe es ihr zugesagt, weil man der Natur doch ihren Lauf lassen muß. Und wenn Katharinas Nichte aus Pilsen kommt, um unsere Küche zu übernehmen, kann sie neben Daddy Rethlevsen in Tangos bisheriges Appartement ziehen."

„Bring uns Daddy nicht in Gefahr!" warnte Tango. „Seit er bei uns in Marienburg wohnt, ist er richtig aufgeblüht. Neulich hat er sich ein Dutzend modischer Hemden gekauft, und statt ins kirchliche Altenzentrum geht er jetzt Billard spielen!"

„Und alles durch unser segensreiches Wirken für die Linse!" spottete Babett. „Was gibt es sonst noch neues in der Branche, Grischa?"

„Wenn ihr mich zum Abendessen hierbehaltet, erzähle ich euch das Neueste vom BDMVG!"

„Muß das sein?" fragte Willmuth, aber er wurde von den beiden Frauen überstimmt.

„Nun, ja - es muß da wohl erneut Probleme mit der Linsenwirtschaft gegeben haben. Wasserfall hat mit seinem Rücktritt gedroht, als die Mitglieder meinten, nur durch seine Indolenz und Schläfrigkeit sei der Markt für Importlinsen dem Zusammenbruch nahe. Dabei ist dann auch herausgekommen, daß der Dr. Pausback die Zeichen der Zeit längst erkannt hat und einen neuen Fachbereich Hirse zum Erfolg führt. Die Hirse ist in aller Mund, sozusagen, und auf der nächsten Hauptversammlung wird man den Pausback wohl zum neuen Vorsitzenden machen. Eine steile Karriere, aber ich gönne sie ihm. Er hat so treue Augen!"

„Und Wiesentheu ist weg?" fragte Willmuth.

„Wiesentheu hat den BDMVG dummerweise verlassen, ehe der Hirse-Boom ausbrach. Jetzt sitzt er als Verbands-Geschäftsführer in Fallingbostel und betreut die vereinigen Näh- und Stecknadel-Produzenten. Ein deutlicher Abstieg. Aber er hatte wohl doch zu hoch gegriffen, als er sich bei Lotti Koch bewarb!"

„Ich hätte ihn ja genommen", brummte Willmuth unversöhnlich. „Rieselberger brauchte damals dringend einen Lagerarbeiter!"

Tango kicherte. Babett verzog den Mund.

„Rieselberger müht sich auch ohne den Wiesentheu mit Erfolg, wieder etwas zu werden. Sein Linsenlager auf dem Großmarkt hat er tadellos in Ordnung. Links die Handelsklasse A, rechts die Linsen zweiter Wahl, in der Mitte das sogenannte prämierte Saatgut - die schlechten ins Kröpfchen, die guten ins Töpfchen, tagaus, tagein. Allmählich nimmt er selber schon die Farbe seiner Linsen an. Aber die Deutsche Linsen-Handelsgesellschaft blüht und gedeiht dabei."

„Also noch eine gute Tat!" meinte Babett befriedigt. „Wer hätte das alles geahnt, als wir den Deutschen Linsenverband gründeten, um endlich aus der babylonischen Gefangenschaft in Daddy Rethlevsens Reihenhaus mit dem ewigen Eintopf herauszukommen! Ich hätte Lust, einem einheimischen Künstler ein Denkmal für die Linse in Auftrag zu geben! Für unseren Schloßpark."

„Du weißt auch nicht, wohin mit dem Geld, Babett!"

„Leider. Die Mitgliedsbeiträge, die Subventionen, der Stützungsfonds, die EG-Fördermaßnahmen... die Investitionshilfen für die Neuen Bundesländer können wir ja gottseidank unseren dortigen Samenhändlern zugute kommen lassen und die Gelder aus dem multilateralen Entwicklungsprogramm unseren wackeren Linsenbauern. Aber es wird immer mehr, Grischa!"

„Ich bin morgen wieder in Brüssel. Vielleicht kann ich irgendwie darauf hinwirken, daß wir nicht mehr ganz so überschwänglich mit Geld überschüttet werden."

„Das dürfte schwierig werden. Die EG hat neulich sogar einen mehrsprachigen Fragebogen geschickt, ob wir Geld für die Fortbildung unserer Mitglieder brauchen könnten, für Dokumentationszwecke, Übersetzungen und Fachpressearbeit. Ich habe sie still beiseitegelegt. Ganz wohl ist mir dabei nicht. Irgendjemand muß das alles doch bezahlen?"

Grischa waren solche Bedenken fremd.

„Natürlich wird bei den Völkern Europas gründlich abgesahnt. Aber das gehört zu dem System, dem wir uns verschrieben haben, als wir auszogen, den Wilden Westen für uns zu erobern. Du kannst nichts daran ändern. Sieh es lieber positiv, Babett: seit wir die Europäische Gemeinschaft haben, hat es unter den Gründernationen keinen Krieg mehr gegeben."

Tango sammelte die Gläser ein, trat an den Tisch der Flaschen und schenkte noch einmal ein.

„Und außerdem schmecken Linsen nicht übel, wenn man sie anständig zubereitet", ergänzte sie. „Ich gönne sie den Europäern und streiche gern die Gelder dafür ein, daß wir sie ihnen schmackhaft machen."

Ein vibrierender Gongschlag hallte durchs Haus.

„Gelangt jetzt ein Film von Metro Goldwyn Mayer zur Aufführung?" fragte Grischa Costers verdutzt.

„Die Metro hatte den brüllenden Löwen", berichtigte Babett.

„Wir haben uns den Gong angeschafft. Katharina schlägt ihn, allerdings nicht mit entblößtem Oberkörper wie im Film, wenn sie mit dem Essen fertig ist. Chic, nicht?"

Sie tranken aus und begaben sich durch die Halle ins feierliche Eßzimmer. Der große Raum war nur mit Kerzen erleuchtet; Katharina Swoboda hatte den Tisch festlich gedeckt und jeglichen Aufwand als angemessen und selbstverständlich erachtet. Die silbernen Platzteller kamen endlich einmal zur Wirkung.

„Um auch diesen Aspekt noch zu würdigen", sagte Grischa und rückte Babett den hohen, geschnitzten Stuhl zurecht, „wer kann denn schon eine solche Kultur kennerisch durchs laufende Jahrhundert retten, wenn nicht Menschen wie wir? Müllerhenkes doch gewiß nicht! Guten Appetit!"

*

Der Abteilungsleiter (die Europäische Behörde ist so groß und bedeutend, daß sie schon wieder auf Stabsstellen verzichtet und sich schlichte Abteilungsleiter und einfache Direktoren leistet) stand geraume Zeit am Fenster und blickte auf die spiegelnde Glas- und Aluminiumfassade des gegenüberliegenden Flügels dieses unübersehbaren Komplexes. Schließlich wandte er sich um und kehrte an seinen Schreibtisch zurück. Die Platte, mit poliertem Onyx belegt, hatte die Ausmaße einer Tischtennisplatte und entsprach so der Bedeutung des Mannes im grauen Anzug. Er setzte sich hin, faltete die Hände und blickte Grischa Costers ernst an.

„Ich bin mir nicht ganz sicher, lieber Costers, ob ich Sie dahingehend richtig verstanden habe, daß Sie eine Reduzierung der Beträge aus dem Entwicklungsfonds erwägen. Da dies einer vernünftigen und logischen Fortsetzung unserer Bemühungen völlig konträr wäre, muß ich etwas mißverstanden haben. Lassen Sie mich dennoch kurz meine Sicht der Dinge darlegen, ja?"

Grischa wechselte das Bein, das er über das andere geschlagen hatte, und nickte folgsam. Einem EG-Abteilungsleiter widerspricht man ebenso wenig, wie man einem Erzbischof in seine Glaubensgrundsätze hinein reden würde.

„Sie haben in einem beispiellosen Kraftakt eine deutsche Linsenwirtschaft aus dem Boden gestampft", sagte der Abteilungsleiter. „Die EG hatte bislang keine nennenswerte Linsenproduktion, weshalb Sie von uns ja auch keine Subventionen im eigentlichen Sinn erhielten, sondern Entwicklungsbeträge. Nun steht eine Ausweitung Ihrer Aktivitäten auf den europäischen Raum und sogar darüber hinaus bevor. Ich hatte gestern Besuch von Conte Cassata, der mir da einiges andeutete." Er hob die Hand, um einem etwaigen Einwand Grischas zuvorzukommen, aber der gedachte nichts zu sagen. Mit dem Conte Cassata hatten sie in der Mailänder Scala einen sehr vergnügten Abend verbracht, an den sich Grischa nur unvollkommen erinnerte...

„Gemach, mein Lieber! Ich weiß selber, daß da noch nicht alles spruchreif ist, zumal wir ja auch noch unseren Segen dazu geben müssen. Aber die Linsen-Föderation muß und wird kommen. Und was dann? Die EG steht vor einem Riesenberg Arbeit. Bisher gab es für uns keine Linsen, und so fehlen die primitivsten Definitionen. Nichts ist verbindlich, um darauf aufzubauen, nichts gibt es da, worauf wir uns stützen könnten." Das Feuer seiner Darlegungen riß ihn vom Stuhl und ließ ihn durch sein saalartiges Büro wandern. „Was ist überhaupt eine Linse? Wer kann mir das sagen? Natürlich haben Sie Ihre Handelsklassen. Aber ein Bauer im tiefen Tessin sieht das völlig anders als der Besitzer einer Linsen-Ferme in der Normandie; in Andalusien baut man vermutlich andere Linsensorten an als in Thüringen! Kann man die Linsen aus den lombardischen Ebenen in den Konkurrenzkampf gegen die fetten Linsen aus den belgischen Lößböden schikken? Das gibt Arbeit, Verehrtester, grundlegende Auseinandersetzungen, höchst schwieriges Ringen um die notwendigen Kompromisse - eine ganze Generation von EG-Beamten wird sich diesen Fragen widmen und daran zu knabbern haben! Sie wissen ja, wie es auf dem Rosinen-Sultaninen-Sektor zugegangen ist; da haben wir heute noch keine durchsetzbare Einigkeit, obwohl es sich um altes Agrarkulturgut handelte, wogegen die Linse fast eine exotische Feldfrucht ist!" Er blieb auf seiner Wanderung neben Grischa stehen und blickte fast väterlich auf ihn herab.

„Verstehen Sie jetzt, was die Linsenwirtschaft für uns bedeutet? Und nicht nur für uns, sondern auch für Sie! Wir haben doch die gleichen Ziele, nämlich eine praktikable Marktordnung zum Besten aller Beteiligten, wo immer sie auch ihren Pflug durch die Linsenfelder führen und Ernten von ständig wachsender Bedeutung einfahren! Ich sage Ihnen ganz offen, daß wir da noch wie der Ochs vorm Berge stehen. Wir sind einfach auf Ihre Hilfe angewiesen. Sie müssen uns die Grundlagen vermitteln, auf denen wir aufbauen können."

Er nahm seine Wanderung wieder auf, spazierte um den Schreibtisch und setzte sich.

„Wir werden Zahlen nötig haben, Untersuchungen und Statistiken, Vergleiche und Projektionen en masse. Die EG-Kommission ist da natürlich auf unserer Seite, aber das Parlament will neuerdings wissen, wofür es Geld bewilligt. Da ist gewaltige Vorarbeit zu leisten, lieber Costers! Ihre volkswirtschaftliche Abteilung ist in Ordnung. Das habe ich aus Ihren Berichten ersehen. Einwandfreie Arbeiten! Aber Sie werden sie ausweiten müssen. Gute Leute kosten Geld, mit schlechten können wir uns nicht abgeben. Sie brauchen die jüngste Computergeneration, um mit unseren Systemen kompatibel zu sein. Ihre Leute müssen fortgebildet werden, Studienreisen machen, in die Tiefe der Probleme gehen. Sie werden viel, viel Geld brauchen! Mehr, als Sie heute ahnen! Aber wir sind ja bereit, Ihnen da nachhaltig unter die Arme zu greifen. Ich habe vorerst an einen freien Verfügungs-Fonds gedacht, bis wir einen brauchbaren Überblick haben, was an Kosten alles auf uns zukommt. Keine Widerrede, Costers! Ich kann das verantworten. Die deutsche und die europäische Linsenwirtschaft ist noch einer der Sektoren, auf denen wir keine Probleme mit einem Überangebot haben. Aber sie darf nicht in Wildwuchs ausufern! Darin liegt unsere öffentliche Verantwortung! Verstehen Sie?"

Grischa verstand.

"Wo gedenken Sie den Inlandspreis Ihrer Linsen anzusiedeln?" wurde sein Gegenüber auf einmal überraschend konkret. Grischa erinnerte sich einer Diskussion, die er einmal mit Willmuth darüber geführt hatte.

„Zweifünfzig über Weltmarkt" murmelte er.

„Das habe ich mir fast schon gedacht. Also werden wir den Preis stützen müssen. Einfuhrbeschränkungen allein greifen da nicht. Kann Ihr Verband die Subventionsvergabe übernehmen? Oder sollen wir die einheimischen Banken einschalten?"

Die Frage fuhr Grischa wie ein Blitz in die Glieder. Er sah sich schon als Vorstand einer „Deutschen Linsenbank e.G". Abwehrend hob er beide Hände.

„Nun, gut, machen wir es meinetwegen über die Volksbanken, so lange Sie keinen besseren Vorschlag haben. Natürlich werden Sie zur Kontrolle in den Aufsichtsrat müssen, tut mir leid. Aber darüber reden wir noch. Jetzt gehen wir erst einmal zum Empfang des Kommissars. Wir haben uns hier richtig festgeredet, nicht wahr?" Er zog sich seine Krawatte fest. „Er hat mich schon gefragt, wer für das deutsche Linsenwunder verantwortlich sei. Ich denke, er wird meinen Antrag für den Verfügungsfonds gleich abzeichnen, dann können Sie den Bescheid mit nach Haus nehmen. Andernfalls schicke ich ihn zu. Sie sollen ja nicht mit leeren Händen vor Ihre Verbandsspitze treten, haha!"

*

Die Direktice von „Der schönste Tag GmbH" trat einen Schritt zurück und musterte Tango von Dahlen, die einigermaßen befremdet ihr Bild im großen Barockspiegel betrachtete.

„Ich denke, so kann es gehen", urteilte die Hochzeitsmoden-

Spezialistin. „Jetzt kann meinetwegen der Friseur kommen! Zufrieden?"

Tango hob die schmalen Schultern.

„Bißchen viel Stoff auf dem Leib, wie? Bisher bin ich mit zwei Metern für ein Kleid ausgekommen. Dies sind zwanzig, nicht wahr?"

„Dreißig", berichtigte die Frau. „In Ihren Kreisen aber durchaus üblich und standesgemäß." Sie nahm die Stecknadeln aus dem Mund und steckte sie in ein Kissen, das sie ans Handgelenk geschnallt trug. „Und denken Sie daran, daß ich die Corsage hinten mit ein paar Stichen geheftet habe - sonst kommen Sie heute nacht nicht heraus!" Sie kicherte. Hartgesichtig und dicksohlig, wie sie dastand, schien sie bei Hochzeiten außer dem Geschäft nur „das eine" im Auge zu haben. Sie raffte zusammen, was sie an schneiderischem Zubehör verstreut hatte, ging zur Tür und nickte dem Friseur zu, der ungeduldig gewartet hatte. Eilenden Schrittes flog er herein.

„Mein Gott!" sagte er, „ich bin ja völlig außer mir! Mußte diese Person denn so lange an Ihnen herumzupfen?" Er placierte Tango auf einem Stühlchen, begann ihr Haar mit kräftigen Strichen zu bürsten und umtanzte sie dabei in ziemlich absurden Posen. Babett kam herein und sah dem Treiben belustigt zu.

„In 60 Minuten geht es los!" verkündete sie frohgemut. „Alles ist bereit für die große Stunde! Deutscher Linsenverband und Deutsche Linsen-Handelsgesellschaft sind von Köln aus unterwegs. Die Vertreter des Adels haben soeben ihr Frühstück im Parkhotel Herweiler beendet und starten in dreißig Minuten. Die Kirche ist geschmückt; die Bevölkerung macht einen erwartungsfrohen Eindruck, und im Souterrain scheucht Katharina Swoboda ihre Hilfsköche von Herd zu Herd. Wie fühlst du dich?"

„Ich bin gefaßt", behauptete Tango. „Etwas ruhiger wäre ich noch, wenn der Bräutigam zugegen wäre, aber er wird schon noch kommen."

„Wieso? Ist Willmuth verlorengegangen?"

„Er ist gestern abend aufgebrochen, um Abschied von seiner Junggesellenzeit zu nehmen. Das muß eine amerikanische Sitte sein; er hat mal in einem Musical davon gehört. Bis jetzt ist er nicht wieder aufgetaucht. Vermutlich hat er sich verfahren. Ich wette, er kommt in der letzten Minute, schaut sich verwundert um und stolpert auf dem Weg zum Altar. Das bringt nebenbei auch noch Glück."

Babett schüttelte den Kopf und eilte hinaus. In der Halle standen die Fotografen blitzbereit und labten sich am bodenständigen Bier. Draußen im Schloßhof fuhr abermals der Lieferwagen eines Blumengeschäfts aus Mechernich vor. Günther Wagner näherte sich aus Richtung der Bibliothek und putzte dabei seine goldgeränderte Brille.

„Bei der Einweihung in Marienburg hatten wir ja schon allerhand buntes Gemüse", sagte er, „aber dies stellt alles in den Schatten. Wörtlich zu nehmen. Der Mäthes hat eben die dritte Palme in den Salon getragen, und bei den Sträußen, Gebinden und Gestecken findet sich alles von Orchideen über afrikanische Baumwollblüten bis zu blauen und schwarzen Rosen. Der BDMVG hat einen Busch künstlicher Linsenblüten geschickt, in die jemand das goldene Band der Freundschaft gewunden hat. Wer wird das alles gießen, wenn diese Olympiade vorbei ist?"

„Mäthes", gab Babett kurz zurück. „Willmuth fehlt noch!"

„Ach, ja? Hattest du erwartet, daß er wohlorientiert und aufgeputzt bereitstehen würde? Dies ist ein Volksfest, Liebste, und vor allem soll es dem Volk dabei gutgehen! Im Gemeindehaus dampft die Erbsensuppe. Die Feuerwehrkapelle putzt ihre Trompeten. Im ganzen Dorf ruht die Arbeit, und alles befindet sich in erwartungsvoller Stimmung. Das macht vermutlich, daß Frings Willi seine Wirtschaft schon am frühen Morgen aufgemacht hat, obwohl es das Freibier erst nach der Trauung gibt."

„Aber Willmuth ist unersetzlich bei der Zeremonie!" zeterte Babett.

„Dann will ich mich mal um ihn kümmern!" nickte Wagner verträglich und ging hinaus. Er spazierte zwischen den Blumen hindurch, die der schwitzende Florist erst einmal auf dem Schloßhof abgestellt hatte, ging über die Zugbrücke und ein Stück die Auffahrt hinab. Von hier aus konnte er die Straße sehen, die sich den Wald entlang und den Berg hinaufzog. Die Sonne strahlte vom klaren Herbsthimmel, es war fast unnatürlich warm. Was blitzte dort oben? Da kamen doch viele Leute die Straße herunter! Bunt gekleidet... und trugen sie nicht Musikinstrumente? Günter Wagner schüttelte den Kopf. Seines Wissens war keine zweite Kapelle engagiert, aber was da herankam, schien ihm ein kriegsstarkes Orchester zu sein, sogar mit zwei Schellenbäumen!

Hinter ihm bremste der Verbandsmercedes, und Grischa Costers stieg aus.

„Was schaust du so fasziniert in die Gegend?" fragte er.

„Sieh' selber! Da kommt eine Militärkapelle den Weg herunter!"

Grischa trat neben ihn.

„Weiß der Teufel! Was haben wir mit der Armee zu tun? Hat uns die der Verband der Köche in Bundeswehrkantinen in treuer Mitgliedschaft geschickt?"

Die Kapelle hatte fast das Dorf erreicht, als sie sich auf ein Kommando ihres Anführers hin etwas strammer formierte und die Instrumente hochnahm.

Wenig später drangen die taktfesten Schläge der großen Trommel und die jubilierenden Töne der Trompeten, Hörner und Posaunen herüber.

„Hörst du, was die spielen?"

„Ja. ‚Wer will unter die Soldaten'. Das wird den drei Hillenbroicher Wehrdienstverweigerern in die Glieder fahren!"

„Komm! Wir gehen hin! Ich will wissen, was da los ist!"

„Unsinn! Wir fahren!"

Sie sprangen in den Wagen und preschten los, ins Dorf hinein. Auf dem Platz vor der Kirche stoppte Grischa mit rutschenden Rädern. Sie stiegen aus und gingen dem Musikzug entgegen. Vor allen Häusern standen schon die Hillenbroicher; ältere Frauen hatten zumindest die Fenster aufgerissen und riefen sich ihre Mutmaßungen zu. Die Militärkapelle bog um die Ecke bei Johannes Kleins Hof.

„Das ist doch Willmuth!" sagte Grischa fassungslos. Tatsächlich marschierte der Leiter ihrer volkswirtschaftlichen Abteilung bestens gelaunt neben einem uniformierten Würdenträger an der Spitze der eifrig paukenden und trompetenden Musikbande ins Dorf ein.

„Willmuth!"

Willmuth winkte ihnen fröhlich zu, sagte seinem Begleiter ein paar Worte und brach aus der Marschordnung aus.

„Willmuth! Was ist das?" fragte Grischa streng. Willmuth machte eine Handbewegung, als wolle er ihm das ganze Orchester vorstellen.

„Das ist das Musikkorps des dritten Feldartilleriebataillons aus Gerolstein!"

„Und wie kommen die hierher? Und du mitten unter ihnen?"

„Ah - das ist eine lange Geschichte. Ich habe sie dem Kommandeur heute nacht im Casino von Neuenahr abgewonnen."

„Bitte, Willmuth - dies ist nicht die richtige Zeit für Witze!"

„Sicher nicht. Oberst Wilk hatte aber auch ein schlechtes Blatt. Als er blank war, haben wir eben um seine Kapelle gespielt, und ich habe sie gewonnen. Natürlich nur für heute, weil ich doch heiraten soll!"

„Das gibt es nicht! In unserem Jahrhundert gewinnt man keine komplette Militärkapelle im Spielcasino!"

Willmuth blickte den Freund belustigt an.

„Nun - nicht, wie du meinst. Ich will sie auch nicht unserer Hofhaltung eingliedern und jeden Abend Ständchen spielen lassen. Aber heute war ohnehin ein Tag der Offenen Tür bei den Soldaten geplant. Und ob sie nun in Gerolstein oder hier in Hillenbroich spielen, ist doch für den Wehrgedanken egal, nicht wahr? Macht euch keine Sorgen; heute abend werden sie wieder abgeholt. Übrigens - kann ich so heiraten?" Er blickte an sich herunter, sah einen nicht ganz sauberen dunklen Anzug und seine staubigen Schuhe und duckte sich instinktiv, als er an Tangos fälligen Kommentar dazu dachte. Grischa packte ihn am Ärmel.

„Du mußt erstmal unter die Dusche und dann in den neuen Anzug! Komm! Wir haben keine Zeit zu verlieren. In einer halben Stunde beginnt der Bischof mit seiner Predigt!"

„Verdammt!" sagte Willmuth, „hat sie doch einen Bischof aufgetrieben? Ich hielt das für eine leere Drohung!"

„Es ist auch nur ein Weihbischof!" beruhigte ihn Grischa und zog ihn zum Wagen. „Günter, kümmerst du dich um diese Janitscharen?"

Die hatten sich unterdessen im Halbkreis aufgestellt und begannen gerade mit einem Melodienreigen aus „Gräfin Maritza" von Emerich Kalman. Aus der Wirtschaft kamen ein paar junge Männer, fingen sich nach kurzem Zögern umherstehende Mädchen ein und begannen auf der Straße zu tanzen. Irgendwoher tauchte auch der Klarinettist der Freiwilligen Feuerwehr auf, der sein Instrument schon vorsorglich unter dem Arm trug. Er lauschte einen Augenblick, sagte „F-Dur!" und setzte die Klarinette an die Lippen.

Günter Wagner putzte sich abermals die Brille. Er zählte die Musikanten, dann ging er in die Wirtschaft hinein und bestellte bei Frings Willis Frau siebenundzwanzig zusätzliche Mittagessen und Freibier auf Kosten des Deutschen Linsenverbands.

*

„Also, die Predigt war soweit in Ordnung", resümierte Babett und rieb ihre Nase an der von Anna-Linse, die sich aufmerksam auf dem Dorfplatz umschaute. Mittlerweile war ganz Hillenbroich auf den Beinen, und auch aus den Nachbardörfern tauchten Zaungäste auf.

Tango erschien mit dem hübsch herausgeputzten Willmuth im Kirchenportal. Die Fotografen blitzlichterten wie wild. Ein alter Mann rief „Vivat!", und die jüngere Bevölkerung schrie durcheinander und stieß grelle Pfiffe aus wie nach einer geglückten Rock-Veranstaltung. Tango hob ihren umfänglichen Brautstrauß hoch, zeigte ihn ihren jubelnden Fans und warf ihn dann in die Menge, wo sie am dichtesten war. Dann tat sich eine Gasse auf, durch die das frisch getraute Paar schritt. Die Ehrengäste schlossen sich an. Tangos Mutter, Frau Hermione von Dahlen, in Begleitung weiterer drei Töchter und ihrer Söhne, strahlte fürstliche Würde aus. Da in ihrer weit verzweigten Familie ständig solche und ähnliche Feste zu feiern waren, schienen sie gut im Training und in bester Kondition. Willmuths direktes Gefolge bestand aus Grischa Costers als Oberhaupt der Linsenverbands-Familie, da der Bräutigam über keine nennenswerte Verwandtschaft gebot, und dem Obersten Wilk, der schnell Gala angelegt hatte.

Eine Gruppe dörflicher Kleinkinder wurde losgelassen und streute Wiesenblumen auf das erste Stück gemeinsamen Lebenswegs des jungen Ehepaars. Zwischen Kirche und Schule bog die musizierende Feldartillerie auf die Straße ein und setzte sich an die Spitze. Da sich Willmuth schon in der Nacht am Spieltisch mehrfach „Treulich geführt" verbeten hatte, intonierten sie jetzt „Alte Kameraden", was - auf das Verhältnis von Tango und Willmuth bezogen - sicherlich nicht falsch sein konnte.

Hinter dem Brautpaar fielen die Hochzeitsgäste unwillkürlich in Marschtritt. Die von Dahlens reckten das Kinn hoch und achteten darauf, daß ihre Damen nicht allzu sehr aus dem Takt gerieten. Das Stangerl hingegen gab ihrer Fortbewegung mehr tänzerisches Flair, und Lotti Koch brachte es gar fertig, auf einen Triller der Querflöten eine Pirouette in den Staub der Dorfstraße zu drehen.

„Wir haben das Programm ein wenig geändert", teilte Günter Wagner mit. „Frings Willi stellt Tische und Bänke im Schloßhof auf, die Feuerwehr und die Soldaten spielen abwechselnd zum Tanz auf. Im Schloß hätten wir sie doch nicht alle untergebracht!"

„Die Hillenbroicher?"

„Die Vertreter von schätzungsweise dreißig Verbänden, die sich zur Huldigung angesagt haben, und Tangos zahlreiche Freunde von Presse, Funk und Fernsehen, die sich das Spektakel ebenfalls nicht entgehen lassen wollen!"

„Das habe ich geahnt! Wir können noch von Glück sprechen, wenn nicht auch die hundertfünfzig Botschafter aus Bonn kommen, bei denen sich Tango durchgefressen hat, als wir anderen noch Leyendeckers Linsen-Eintopf aßen!"

„Ein paar sind schon da", nickte Günter. „Ich habe die Wagen mit diplomatischem Kennzeichen am Mühlbach parken sehen. Was ist jetzt?"

Dem Festzug entgegen kam ein staubbedecktes Taxi. Es hielt am Straßenrand, die Tür flog auf, und Maria von Schnelz-Wahnfeld stürzte heraus. Sie ließ die Musik an sich vorüberziehen, dann brach sie in die Marschordnung ein, küßte Tango und umarmte Willmuth, so daß der ganze Zug ins Stocken geriet.

„Das nächstemal nehme ich ab Nürnberg das Flugzeug!" sagte sie atemlos.

„Ich denke nicht, daß es ein Nächstesmal geben wird, Maria!" sagte Tango und faßte den Arm ihres Willmuth fester. Maria stutzte.

„Ach so! Natürlich nicht, Kind! Aber es wird schon noch jemand anders aus dem Linsenverband heiraten! Jetzt aber schnell weiter!" Sie faßte Tritt und marschierte neben Tango und Willmuth ins Schloßtor hinein.

Die Musik hatte sich seitwärts aufgestellt und spielte nun überraschenderweise einen Rumba, daß die Tschinellen klirrten und die Messingbecken in der Sonne gleißten. Tango fand es unmöglich, in diesem beschwingenden Rhythmus die Treppe zu nehmen. Sie raffte die dreißig Meter Spitze ihres Hochzeitskleids zusammen, nahm Willmuth an der Hand und stürmte behende die Stufen hinauf. Aber ehe sie das rettende Portal erreichten, trat Katharina Swoboda mit ihren weiß gewandeten Hilfsköchen und Küchenjungen heraus und überschüttete das Paar mit einem wahren Sturzregen von Linsen. Tango duckte sich, aber ein ganzer Wurf landete in ihrem Ausschnitt, und Linsen rieselten ihr aus dem perfekt gestylten Haar den Rücken herunter.

„Wir gratulieren, wir gratulieren" rief die begeisterte Weiße Garde. Katharina umarmte Tango und Willmuth.

„War vielleicht nicht ganz nach Herkommen und Sitte", raunte sie. „Aber was soll man besser werfen als Linsen, wenn jemand heiratet im Linsenverband? Haben schon ganz schön Glück gebracht, nicht wahr?"

*

Grischa Costers befand sich in recht gelöster Stimmung, als er sich gegen halb vier am Nachmittag unbemerkt aus dem großen Salon stahl, wo die Gratulationscour in zweiter Auflage immer noch weiterging. Es hatte sich als unmöglich erwiesen, damit vor dem Mittagessen zu Ende zu kommen; nach dem siebengängigen Menu und einer Erholungspause hatten sich Tango und Willmuth erneut wie ein regierendes Fürstenpaar vor dem Kamin aufgestellt und nahmen weitere Huldigungen entgegen. Alle waren gekommen - das komplette Präsidium der Süddeutschen Saatguterzeugerverbände ebenso wie eine deftig gekleidete Abordnung der Alternativen Landbauvereinigung, Präsident und Geschäftsführer der „Grünen Kochmütze", die Alterskasse der südwestfälischen Landwirtschaft und die LPG-Nachfolge-Organisation Anhalt-Dessau... und es war noch kein Ende abzusehen.

Dr. Pausback vom BDMVG lehnte im Hof an einem Oleander und sah mit Vergnügen der zechenden, schmausenden und tanzenden Landbevölkerung zu. Im Augenblick war die Feuerwehr mit einer Darbietung des „Schneewalzers" zugange.

„Hübsch, nicht wahr?" sagte Grischa. Pausback fuhr herum. Seine Augen leuchteten. Er nickte.

„Ein richtiges Volksfest! Einmal etwas anderes als die Verbandsarbeit und das steife Zeremoniell unserer Tagungen!

Vielleicht kriege ich meine Hirseleute dazu, ihre Hauptversammlung in ähnlichem Rahmen abzuhalten!"

„Geht's gut in der Branche?" fragte Grischa so leutselig, wie man nur nach einem befriedigenden Friedensschluß fragen kann. Pausback wiegte den Kopf.

„Hirse ist zweifellos im Kommen. Natürlich nicht so breit gefächert wie die Linsen. Aber wir machen erfreuliche Fortschritte. Allerdings fehlt uns so jemand wie Frau von Dahlen."

„Das glaube ich gern. Was macht Herr Wasserfall?"

Pausback gab seinem Gesicht augenblicklich einen tragischen Zug.

„Ah, Wasserfall! Er ist nicht mehr der alte. Nein, das ist er nicht mehr. Seit meine Kandidatur für den Vorsitz im Vorstand feststeht, verfällt er zusehens. Ich habe ihm schon dringend ans Herz gelegt, einmal eine gründliche Erholungskur zu machen, vielleicht auf der Bühlerhöhe... aber er kann sich einfach nicht von seinem Sessel lösen!"

Angesichts der Auswirkungen einer solchen Kur auf den Dr. Rieselberger konnte Grischa die Zurückhaltung Wasserfalls verstehen. Er schlug dem Pausback leichthin auf die Schulter.

„Er wird's überstehen! Grüßen Sie ihn von mir!"

Grischa spazierte zwischen den feiernden Gästen hindurch und setzte sich zu seinem Gebietsverkaufsleiter West.

„Onkel Helmut! Gefällt's Ihnen bei uns?"

Onkel Helmut verzog seine wettergegerbte Miene zu einem breiten Lachen.

„Der Willmuth ist endlich vernünftig geworden und in die Eifel gezogen. Jetzt hoffe ich nur, daß der Bund mit der Tango auch sichtbarlich gesegnet wird! Wem soll ich denn sonst meinen Hof vererben?"

„Soviel ich gehört habe, war das der eigentliche Anstoß zu dieser Hochzeit. Aber mit dem Vererben hat es ja wohl noch Zeit. Wie gehen die Geschäfte?"

Onkel Helmut nahm sein Bierglas und leerte es mit einem Zug.

„Sie rennen mir die Bude ein mit ihren Saatgutbestellungen. Mir wollten sie ja erst nicht glauben, daß Linsen das Beste für die Zukunft unseres Bauernstandes sind. Aber jetzt sind ja sogar die Zeitungen voll davon! Nur..." Er beugte sich vertraulich vor. „Mal unter uns Grischa - wenn nun alle anfangen, Linsen anzubauen... das wird doch eine Überproduktion, nicht wahr? Mit Preisverfall und so!"

„Natürlich wird das eine Überproduktion", nickte Grischa. „Aber dann liefern wir in die anderen Länder der EG, die noch nicht so weit sind wie wir. Die Grenzen sind ja für die Linse offen. Und dann... man spricht bereits von einer europäischen Linsen-Föderation, die als potenter Handelspartner der übrigen Welt auftreten soll, vor allem der Dritten Welt. Ein Preisverfall ist auch auf lange Sicht einfach nicht möglich!"

„Dann hätten wir so gut wie ausgesorgt?"

„So muß man es sehen, Onkel Helmut!"

Onkel Helmut schlug sich klatschend auf den Oberschenkel, und die Maria, Frings Willis hübsche Tochter, kam herbei.

„Mir noch ein Bier!" orderte Onkel Helmut. „Trinkst du eins mit, Grischa?"

Grischa Costers hatte den Eindruck, daß er auf diesem Gebiet eigentlich schon genug geleistet hatte, aber seinem Gründungsmitglied und Gebietsverkaufsleiter konnte er das nicht abschlagen.

„Aber nur ein kleines, Maria!" sagte er. Doch sie schüttelte den blonden Lockenkopf.

„Kleine Gläser haben wir gar nicht erst mitgebracht, Herr Costers!" sagte sie. „Das werden Sie schon noch schaffen!"

*

Babett spazierte durch das Gartentor und durchquerte den schon herbstlich abgeräumten Schloßgarten, in dem nur noch der Grünkohl auf den ersten Frost wartete, damit ihn Katharina mit Speck und roten Würsten auf den Tisch bringen konnte. Durch den Blumengarten mit seinen letzten Astern und den welkenden Farnen gelangte sie auf die große Terrasse und in den Salon. Eine dicht hingelagerte Rauchwolke ließ vermuten, daß sich hier die Herren aus dem Geschlecht derer von Dahlen mit den Spitzen der Verbände zusammengefunden hatten. Die Zigarren schwelten duftend, und in den Gläsern leuchtete dunkelroter Wein für die alten Knaben.

„...steht mir doch der Treiber genau im Schuß! Na, schön - wer den Treiber erschießt, muß die Witwe heiraten. Aber erstens bin ich verheiratet und ziemlich sicher, was meine Friederike dazu sagen würde, und zweitens - was soll ich mit so einer Trulla aus den Karpathen? Also habe ich die Büchse heruntergenommen, und so ist mir der Achtzehnender davongezogen! Jagdpech, meine Herren!" dröhnte Konstantin von Dahlen und wollte sich über sein waidliches Mißgeschick totlachen. Babett ging schmunzelnd ein paar Tische weiter, wo Professor Wütherich aus Weihenstephan und Daddy Rethlevsen und ein Vertreter des Landwirtschaftsministeriums zusammensaßen. Sie hatten wieder Brandy vor sich, um die Zigarren hineinzutauchen.

„Aber nicht wieder austrinken, Daddy!" hauchte Babett ihrem Verbandspräsidenten ins Ohr. „Geht es gut?"

„Großartig, Babett! Ein Landwirtschaftsminister, ich glaube aus den Neuen Bundesländern, hat mir vorhin die Hand gedrückt! Bei der Post hätte ich es in hundert Jahren nicht so weit gebracht!"

Babett sah, daß ihr das Stangerl von der Tür her winkte. Sie trug jetzt ein raffiniert einfaches schwarzes Etuikleid, das allerdings geschlitzt war und eine Schulter freiließ und vermutlich auch aus dem second hand shop an der Porte de Clignancourt in Paris stammte. Babett bahnte sich einen Weg.

„Was ist denn, Barbara?"

Aber das Stangerl winkte sie nur noch weiter. Im zweiten Salon saßen die Damen bei diversen Torten und feinen Edelobstbränden. „Laß' sie meinetwegen zusammen wohnen und zusammen schlafen, habe ich zu Ernst-August gesagt", führte Melanie von Dahlen gerade das große Wort, „aber in meinem Hause nicht ! Nicht in meinem Hause!" In der Halle holte Babett endlich das Stangerl ein, im Angesicht einer Gruppe von Herren, die sich gerade ihrer Mäntel entledigten. „Eine Delegation, Babett. Engländer, Italiener, Franzosen - was weiß ich! Sie waren in Marienburg, und als sie da nur den Schmitz antrafen, der das Haus hütet, sind sie herausgekommen. Ich glaube, sie haben etwas mit Grischa vor. Genau hab' ich das nicht herausbekommen; mein Italienisch ist nicht so besonders gut."

Babett erkannte den Conte Cassata in der Gruppe. „Ist es denn möglich - Conte . . ."

Cassata fuhr herum, kam strahlend auf Babett zu und verbeugte sich.

„Wie glücklich, Sie wiederzusehen, Gnädigste!" stieß er in seinem rollenden und donnernden, aber fehlerfreien Deutsch hervor. Babett mußte augenblicklich an die Nacht denken, die in der Mailänder Scala begonnen hatte und nach ihrer Erinnerung irgendwie im Dunkel verlief. „Darf ich Ihnen die Herren meiner Begleitung vorstellen? Vicomte de Brasse, Belgien, Sir Anthony Wheatherford, aus Sussex, England, Mijnheer de Slot, Holland, und Pierre Molignac von der französischen Landbauernvereinigung."

Die Herren verneigten sich vor Babett, und die lächelte ihnen ein bißchen indifferent zu. Was wollte die Creme der europäischen Agrarwirtschaft hier?

„Sie feiern eine Hochzeit?" stellte der Conte fragend fest.

„Ja! Frau von Dahlen hat heute morgen geheiratet!" nickte Babett.

„Ah, das erklärt alles! Wir haben uns schon gefragt, wer Herrn Costers die Nachricht vor uns überbracht haben könnte, da wir doch die ersten sein wollten, die ihm gratulieren! Wir glaubten, daß es sein Fest sei!"

„Welche Nachricht?" fragte Babett verwirrt. Conte Cassata schlug mit der beringten Hand auf eine dünne Saffiantasche, die er bei sich trug.

„Nun - die Nachricht über seine Wahl! Sind Sie sicher, daß er noch nichts ahnt?"

„Was ahnt? Sie sehen mich ebenfalls völlig uninformiert, Conte!"

„Seine Wahl zum Président-Directeur Général der Europäischen Linsen-Föderation!"

Für einen Moment blieb Babett die Sprache weg. Dann faßte sie sich.

„Besteht denn die Föderation schon? Das wußte ich noch gar nicht! Allerdings - wir haben heute natürlich noch nicht die Post durchgesehen. Begreiflicherweise!"

„Die Föderation besteht auch erst seit gestern abend. Auf ein leichtes Drängen von Brüssel haben wir uns einfach zusammengesetzt, die Föderation gegründet und Signor Costers in Abwesenheit zu unserem Präsidenten gewählt. Und dann sind wir in aller Frühe zusammen von Rom aus gestartet, um ihm die Ernennung zu überbringen und sein Einverständnis einzuholen!" Er freute sich wie ein Schuljunge, daß die Überraschung gelungen war.

Babett geriet ein wenig außer Fassung. In dieser Notlage erspähte sie Tango, die gerade eine notwendige Pause zwischen den Huldigungen eingelegt hatte. „Tango!"

„Ja, Babett? Ah - Graf Cassata! Wie aufmerksam!" Der Conte beugte sich über ihre Hand. Babett zog Tango von dem Grafen weg.

„Er ist eigentlich nicht gekommen, um dir zur Verehelichung zu gratulieren", stellte sie richtig. „Er überbringt Grischa die Ernennung zum Président Directeur Général der Europäischen Linsen-Föderation! Ein großartiges Zusammentreffen. Aber wir müssen das irgendwie nett arrangieren, finde ich!"

„Wir? Ich natürlich!" sagte Tango in blitzschnellem Erfassen der Situation. In ihren Augen glomm Jagdfieber auf. „Gebt mir eine halbe Stunde! Wir haben die passende Szene, das richtige Publikum und sogar eine Militärkapelle! Außerdem die Presse und ein Aufnahmeteam vom Fernsehen - das alles hätte ich zu einem anderen Termin gar nicht zusammengekriegt! Gib ihnen Champagner, ich erledige den Rest!"

Sie raffte ihr Brautkleid und eilte davon.

„Meine Herren, darf ich Sie zu einem Glas Champagner bitten?" sagte Babett. „Wie bereiten inzwischen alles für die feierliche Verkündigung vor! Glücklicherweise haben wir ja den passenden Rahmen!"

Conte Cassata ließ sein Monokel aus dem Auge fallen.

„Also - daran hatten wir nun wirklich nicht gedacht! Das wird eine perfekte Inszenierung, Signora!"

Babett lächelte.

„Es wird dem Deutschen Linsenverband eine Ehre sein und Frau von Dahlen ein Vergnügen, gerade an ihrem Hochzeitstag so etwas arrangieren zu können!" Dabei hatte sie das deutliche Empfinden, daß hier nur noch ein routinierter Opern-Chor fehlte, um das Spektakel abzurunden...

.

*

Es war kaum zu glauben, was Tango während einer halben Stunde alles fertigbrachte. Sämtliche Gäste versammelten sich im Schloßhof, wo die Feldartilleristen schon mit den Instrumenten bei Fuß standen. In der geräumigen Souterrain-Küche öffnete der vielseitig verwendbare Mäthes weitere Champagnerflaschen, und eine Schar von Bediensteten füllte die Tabletts mit Gläsern. Die Presse wurde mit der Nachricht und den nötigen Hintergrund-Informationen versorgt, und das Fernsehteam zog in Windeseile seine Leitungen zu den Zinnen hinauf, wo die Kamera bereits aufgebaut und vertäut war.

„Was soll das denn wohl werden?" fragte Graf Adelfried von Dahlen. „Fürs Feuerwerk ist es eigentlich noch zu früh!"

„Vielleicht eine Vorführung?" mutmaßte Vetter Ehrenbert. „Tanz der Landmädchen, oder so?"

„Tango traue ich alles zu."

„Es wird doch schon recht kühl!" fröstelte eine der ebenfalls adligen Damen und rückte etwas näher an den beleibten Geschäftsführer der Niederdeutschen Hülsenfrucht-Verwertung heran, der aufgrund der Verdauungsschnäpse vor und nach dem Essen angenehme animalische Wärme ausstrahlte. Willmuth trat neben seine Gattin.

„Was gibt es denn jetzt auf einmal?" fragte er. „Wir waren doch noch gar nicht ganz fertig mit der Gratulations-Cour! Und wem machst du da geheimnisvolle Zeichen?"

Tango hatte dem Tambourmajor knapp zugewinkt. Der hob den Stab. Seine Militärkapelle, verstärkt durch die Freiwillige Feuerwehr, brach in einen schmetternden Tusch aus.

„Bring' den Grischa her!" zischte sie Willmuth zu. „Aber sofort und unauffällig!" Dann trat sie zwei Schritte vor und blickte in den randvollen Schloßhof hinunter.

„Liebe Gäste, meine Damen und Herren", sagte sie, und es wurde auf einmal still. „Es ist mir eine ganz besondere Freude, Ihnen am Tag meiner Hochzeit einige Herren aus den umliegenden EG-Ländern zu präsentieren, die in einer ganz bestimmten Absicht hergekommen sind. Bitte - das Wort hat Conte Cassata, Generalsekretär der italienischen agrarischen Vereinigung und gegenwärtig stellvertretender römischer Landwirtschaftsminister!"

Conte Cassata, von den Mitgliedern des Präsidiums eingerahmt, schritt gemessen bis an den Rand der obersten Stufe. Von hinten wurde Grischa Costers durch die Menge geschoben.

„Ich begreife wirklich nicht, was das hier soll!" protestierte er. „Muß ich jetzt zur Menge sprechen? Oder willst du ein Gedicht aufsagen?"

„Ich nicht", antwortete Willmuth amüsiert. „Vielleicht der da vorn! Das ist nämlich Graf Cassata!"

„Cassata? Wo kommt der auf einmal her?"

„Vom Himmel. Ruhig jetzt, Junge! Es geht um dich!"

„...die Ehre und das große Vergnügen, dem Hauptgeschäftsführer des Deutschen Linsenverbands, Herr Grischa Costers, die Würde eines Président-Directeur Général der Europäischen Linsen-Föderation anzutragen. Herr Costers wurde gestern abend auf der Gründungsversammlung dieser internationalen Institution einstimmig gewählt; wir waren uns einig, daß er aufgrund seiner Erfolge in der Führung des Deutschen Linsenverbands dazu prädestiniert ist, auch auf größerer Ebene dem Linsengedanken zu weiteren Siegen zu verhelfen." Er wandte sich auf dem Absatz um. „Herr Costers, ich bitte Sie: nehmen Sie die Wahl an!"

Grischa mußte schlucken. Zu überraschend kam ihm diese Wendung. Conte Cassata blickte ihm in die Augen. Zwinkerte er ein wenig? Oder war es die Rührung, die nun auch diesen alten Condottiere des europäischen Verbandswesens übermannte? Er öffnete die Saffianmappe und zog ein Dokument heraus. „Ihr Name steht schon auf der Ernennungsurkunde", bemerkte er leise. Grischa nickte.

„Ich nehme an und danke Ihnen!" sagte er laut, damit auch alle mitbekamen, welche Würfel soeben gefallen waren. Cassata schüttelte ihm lange die Hand und dann noch einmal für die Pressefotografen und das Fernsehen. Die anderen Präsidiumsmitglieder taten es ihm nach. Im weiten Hof brandete Beifall auf. Die Kapelle spielte einen dreifachen Tusch und ging dann nahtlos in „Hoch soll er leben!" über. Tango gab abermals ein Zeichen, aber nun nach hinten in die Halle hinein. Augenblicklich schwärmte das bereitstehende Personal mit den Tabletts voller Champagnergläser aus. Grischa, der den Eindruck hatte, daß ihm schon das Bier bis zum Hals stand, fand sich mit einem vollen Kelch in der Hand wieder und mußte ringsum Bescheid tun, während die Musik nun den Triumphmarsch aus „Aida" schmetterte. Noch einmal brandete Beifall auf, als Grischa Costers auf den Schultern kräftiger Vorstandsmitglieder des Märkischen Lagereiverbands ins Haus getragen wurde und Günter Wagner seine kleine Anna-Linse hoch über die Köpfe der Menge hob, damit sie von diesem historischen Moment einen bleibenden Eindruck fürs Leben gewänne...

*

Die Feldartilleristen waren mit Sack und Pack in einem feldgrauen Bus davongefahren, der auf einmal vors Schloßtor gerollt war. In den Salons feierten die Ehrengäste, und im Hof spielte die Freiwillige Feuerwehr wieder einmal den „Schneewalzer". Es ging bereits auf Mitternacht. Tango und Willmuth hatten sich fröhlich winkend auf der Freitreppe verabschiedet und waren dann mit Ben Coleman - zur Feier des Tages im weißen Rüschenhemd zu nachtblauer Cordsamt-Latzhose - am Steuer des Verbandsmercedes zu unbekannten Zielen in der Hochzeitsnacht aufgebrochen. Babett strich durchs Haus.

Anna-Linse schlief längst in einem entfernten Trakt des Schlosses. Aber Babett fühlte auch so etwas wie mütterliche Verantwortung gegenüber dem neuen Präsidenten der europäischen Linsen-Föderation, den sie vermißte. Sie fand ihn endlich in Tangos verlassenem Boudoir, wo er vor dem Spiegel saß, die dämonische schwarze Haarsträhne in der Stirn und eine Puderquaste, mit der versonnen spielte, in der Hand. Er blickte auf, als Babett eintrat.

„Ist dir nicht gut, Grischa?" fragte sie besorgt.

„Mir ist ausgezeichnet, nachdem ich all' das Bier und den Champagner losgeworden bin und ein trockenes Brötchen gegessen habe."

„Aber warum sitzest du hier oben, anstatt dich in der freudig bewegten Menge unten zu vergnügen? Es ist auch dein Tag, Grischa!"

„Findest du?"

„Aber ja! Du hast es am weitesten gebracht von uns. Président-Directeur Général! Als wir herüber in den Westen kamen, wußtest du nicht einmal, was das ist! Stimmt's?"

Grischa nickte.

„Damals wußten wir soviel nicht! Und entsprechend mies ist es uns ergangen."

„Bis du mit der Linsendose in der Hand deine Erleuchtung hattest. Alle großen Ideen sind im Grunde einfach."

„Und der Erfolg rechtfertigt die Mittel, wie?" Grischa machte eine ungeduldige Handbewegung. „Du, Babett - manchmal habe ich den Verdacht, daß wir unsere Unschuld verkauft haben, und dann muß ich an diesen Esau in der Bibel denken, der sein Erstgeburtsrecht hingab, ebenfalls für Linsen!"

„Wie kommst du plötzlich darauf? Unschuld verkauft? Du - ganz so blauäugig und weißwestig sind wir auch nicht herübergekommen!"

Grischa nickte.

„Mag sein. Aber Graf Cassata hat mir im Vertrauen meine Bezüge und die Höhe des Fonds genannt, mit dem ich arbeiten soll. Die Mitgliedsländer überschütten mich, und Brüssel wirtschaftet aus dem Vollen! Wir werden die Gelder, die wir riefen, nicht mehr los!"

„Das Problem kenne ich aus der Buchführung des Linsenverbands. Hast du übrigens etwas wegen der Subventionen erreicht, Grischa?"

„Ich fürchte, nein. Die Hohe Behörde hat mich davon überzeugt, daß wir noch viel enger zusammenarbeiten müssen, und dafür neue Zuschüsse in Aussicht gestellt. Heute morgen ist ein Brief aus Brüssel gekommen, aber ich hatte Angst, ihn aufzumachen."

„Mach' ihn auf, Grischa! Fürchte dich nicht, denn ich bin ja bei dir."

„Soll ich wirklich?"

„Sei kein Hasenfuß, mein lieber Président-Directeur Général! Ob du ihn aufmachst oder zuläßt - das Geld wird auf uns zukommen, und wir müssen es ausgeben! Das ist der Fluch der Erfolgreichen, von dem die Armen keine Ahnung haben."

Grischa nahm den Umschlag aus der Tasche und schlitzte ihn auf. Er faltete den Briefbogen auseinander und wurde blaß. Dann erhob er sich, ging zum Fenster und preßte seine heiße Stirn gegen das kühle Glas.

„Na?" fragte Babett. „Noch eine Million?"

Grischa wandte sich zu ihr um, und um seine Mundwinkel zuckte es. Er schüttelte sanft den Kopf.

„Nein", sagte er leise. „Keine Million."

„Wieviel denn? Laß' mich raten!"

„Du rätst es nie!"

„Nämlich?"

Er steckte den Brief wieder ein.

"Hundert."

Ende.